NH농협중앙회/ 은행

신규직원 채용대비

기출동형 모의고사

정답 및 해설

SEOWONGAK

(주)서원각

제1회 정답 및 해설

01 직무능력평가

1 ①

제시된 지문은 공문서의 한 종류인 보도자료에 해당한다. 마지막 문단에 밑줄 친 '거쳐'의 앞뒤 문맥을 파악해 보면, 지방재정협의회에서 논의한 지역 현안 사업은 각 부처의 검토 단계를 밟은 뒤 기재부에 신청되고, 이후 관계 기관의 협의를 거쳐 내년도 예산안에 반영함을 알 수 있다. 즉, 밑줄 친 '거쳐'는 '어떤 과정이나 단계를 겪거나 밟다.'의 의미로 사용되었다. 보기 중 이와 동일한 의미로 쓰인 것은 ①이다.
② 마음에 거리끼거나 꺼리다.
③ 오가는 도중에 어디를 지나거나 들르다.
④ 무엇에 걸리거나 막히다.
⑤ ('손을'과 함께 쓰여) 검사하거나 살펴보다.

2 ⑤

작자는 오래된 물건의 가치를 단순히 기능적 편리함 등의 실용적인 면에 두지 않고 그것을 사용해온 시간, 그 동안의 추억 등에 두고 있으며 그렇기 때문에 오래된 물건이 아름답다고 하였다.

3 ②

인간은 매체를 사용하여 타인과 소통하는데 그 매체는 음성 언어에서 문자로 발전했으며 책이나 신문, 라디오나 텔레비전, 영화, 인터넷 등으로 발전해 왔다. 매체의 변화는 사람들 간의 소통양식은 물론 문화 양식에까지 영향을 미친다. 현대에는 음성, 문자, 이미지, 영상, 음악 등이 결합된 매체 환경이 생기고 있다. 이 글에서는 텔레비전 드라마가 인터넷, 영화, 인쇄매체 등과 연결되어 복제되는 형상을 낳기도 하고 수용자의 욕망이 매체에 드러난다고 언급한다. 즉 디지털 매체 시대의 독자는 정보를 수용하기도 하지만 생산자가 될 수도 있음을 언급하고 있다고 볼 수 있다.

4 ③

빈칸 이후의 문장에서 단기 이익의 극대화가 장기 이익의 극대화와 상충될 때에는 단기 이익을 과감하게 포기하기도 한다고 제시되어 있으므로 ③이 가장 적절하다.

5 ②

② 수요와 공급 중 보다 탄력적인 쪽이 세금을 더 적게 부담한다.

6 ④

④ 세 번째 문단에서 알 수 있듯이 세금을 구입자에게 부과할 경우 공급 곡선은 이동하지 않는다.

7 ⑤

⑤ 공정한 보험에서는 보험료율과 사고 발생 확률이 같아야 하므로 A와 B에서의 보험료가 서로 같다면 A의 보험금이 2배이다. 따라서 A와 B에서의 보험금에 대한 기댓값은 서로 같다.
① A에서 보험료를 두 배로 높이면 보험금과 보험금에 대한 기댓값이 모두 두 배가 된다.
② B에서 보험금을 두 배로 높이면 보험료와 보험금에 대한 기댓값이 모두 두 배가 된다.
③ 공정한 보험에서는 보험료율과 사고 발생 확률이 같아야 하므로 A에 적용되는 보험료율과 B에 적용되는 보험료율은 서로 다르다.
④ A와 B에서의 보험금이 서로 같다면 사고 발행 확률이 2배인 B에서의 보험료가 A에서의 보험료의 두 배이다.

8 ④

① 중대한 과실로 인해 알지 못한 경우에는 보험 가입자가 고지 의무를 위반했어도 보험사의 해지권은 배제되며 보험금은 돌려받을 수 없다.

② 이미 보험금을 지급했더라도 계약을 해지할 수 있고 보험금에 대한 반환을 청구할 수 있다.

③ 보험 가입자의 잘못보다 보험사의 잘못에 더 책임을 둔다.

⑤ 고지 의무는 보험 계약 체결 전을 기준으로 한다. 따라서 보험 계약 체결 뒤 보험 사고가 발생한 후에 알렸더라도 고지 의무를 위반한 것이다.

9 ⑤

경제학자 병은 국민들의 생활 안정을 위해 물가 상승률을 매 분기 2%로 유지해야 한다고 주장하였다. 2분기와 3분기의 물가 상승률이 3%이므로 1%p를 낮추기 위해서는 이자율, 즉 기준 금리를 1.5%p 올려야 한다(이자율이 상승하면 경기가 위축되고 물가 상승률이 떨어지므로). 정책 외부 시차는 1개 분기이며 기준 금리 조정에 따른 물가 상승률 변동 효과는 1개 분기 동안 지속되므로 중앙은행은 기준 금리를 1월 1일에 5.5%로 인상하고 4월 1일에도 이를 5.5%로 유지해야 2분기와 3분기의 물가 상승률을 2%로 유지할 수 있다.

10 ①

② ㉡에서는 준칙주의의 엄격한 실천은 현실적으로 어렵다고 본다.

③ ㉠에서는 정책 운용에 관한 준칙을 지키지 않으면 중앙은행에 대한 신뢰가 훼손된다고 본다.

④ ㉡에서도 정책의 신뢰성을 중요하게 생각한다. 다만 이를 위해 중앙은행이 반드시 준칙에 얽매일 필요는 없다는 것이다.

⑤ ㉡에서는 경제 여건 변화에 따른 신축적인 정책 대응을 지지한다.

11 ④

불량률을 x라고 하면, 정상품이 생산되는 비율은 $100 - x$

$$5,000 \times \frac{100 - x}{100} - 10,000 \times \frac{x}{100} = 3,500$$

$$50(100 - x) - 100x = 3,500$$

$$5,000 - 50x - 100x = 3,500$$

$$150x = 1,500$$

$$x = 10$$

12 ①

미지항은 좌변으로 상수항은 우변으로 이동시켜 정리하면 $3x - 2x = -3 + 5$이므로(∵이동 시 부호가 반대) $x = 2$이다.

13 ③

A사는 대규모기업에 속하므로 양성훈련의 경우 총 필요 예산인 1억 3,000만 원의 60%를 지원받을 수 있다. 따라서 1억 3,000만 원 × 0.6 = 7,800만 원이 된다.

14 ⑤

2011년까지는 증가 후 감소하였으나 이후 3.2% → 3.7% → 5.4%로 줄곧 증가하고 있음을 알 수 있다.

① 2010년, 2012년에는 전년대비 증감 추세가 다르게 나타나고 있다.

② 2012년, 2013년에는 50%p보다 적은 차이를 보인다.

③ 줄곧 증가한 것은 아니며, 급격하게 변화하지도 않았다.

④ 2009년부터 두 개 지표의 차이를 보면, 53.0%p, 51.1%p, 51.6%p, 49.4%p, 49.8%p로 나타난다. 따라서 비중 차이가 가장 작은 해는 2012년이다.

15 ②

② 2014년 3분기 중국 상하이종합 지수는 전분기 대비 약 15.70% 상승하였다.

16 ③

2015년 1월 7일 코스닥 지수 : 561.32

2014년 12월 30일 코스닥 지수 : 542.97

2014년 12월 30일 코스닥 지수를 100%로 봤을 때 2015년 1월 7일 코스닥 지수는 103.37956 ⋯ %이므로 약 3.38% 상승했음을 알 수 있다.

17 ④

④ 가구주 연령이 40대인 귀촌 가구는 2012~2014년 기간 동안 약 123.1% 증가하였다.

18 ⑤

⑤ 보고서에 따르면 농어촌의 57개 지역과 대도시의 14개 지역은 기초노령연금 수급률이 80%를 넘었다고 하였다. 그러나 그래프 상에서 기초노령연금 수급률이 80%를 넘는 대도시는 없는 것으로 나타났다.

19 ③

- 인터넷 뱅킹을 통한 해외 외화 송금이므로 금액에 상관없이 건당 최저수수료 3,000원과 전신료 5,000원 발생→합 8,000원
- 은행 창구를 통한 해외 외화 송금이므로 송금 수수료 10,000원과 전신료 8,000원 발생→합 18,000원
- 금액에 상관없이 건당 수수료가 발생하므로
  →10,000원

따라서 총 지불한 수수료는
$8,000+18,000+10,000=36,000$원이다.

20 ④

㉠ 2001년에 '갑'이 x원어치의 주식을 매수한 뒤 같은 해에 동일한 가격으로 전량 매도했다고 하면, 주식을 매수할 때의 주식거래 비용은 $0.1949x$원이고 주식을 매도할 때의 주식거래 비용은 $0.1949x+0.3x=0.4949x$원으로 총 주식거래 비용의 합은 $0.6898x$원이다. 이 중 증권사 수수료는 $0.3680x$원으로 총 주식거래 비용의 50%를 넘는다.

㉢ 금융투자협회의 2011년 수수료율은 0.0008%로 2008년과 동일하다.

21 ①

첫 번째와 두 번째 조건을 정리해 보면, 세 사람은 모두 각기 다른 건물에 연구실이 있으며, 오늘 갔던 서점도 서로 겹치지 않는 건물에 있다.

세 번째 조건에서 최 교수와 김 교수는 오늘 문학관 서점에 가지 않았다고 하였으므로 정 교수가 문학관 서점에 간 것을 알 수 있다. 즉, 정 교수는 홍보관에 연구실이 있고 문학관 서점에 갔다.

네 번째 조건에서 김 교수는 정 교수가 오늘 갔던 서점이 있는 건물에 연구실이 있다고 하였으므로 김 교수의 연구실은 문학관에 있고, 따라서 최 교수는 경영관에 연구실이 있다.

두 번째 조건에서 자신의 연구실이 있는 건물이 아닌 다른 건물에 있는 서점에 갔었다고 했으므로, 김 교수가 경영관 서점을 갔고 최 교수가 홍보관 서점을 간 것이 된다. 이를 표로 나타내면 다음과 같다.

교수	정 교수	김 교수	최 교수
연구실	홍보관	문학관	경영관
서점	문학관	경영관	홍보관

22 ②

① 분할상환금을 상환하기로 한 날에 1회 상환하지 아니한 때에 해당한다.

③ 금리인하를 요구할 경우에 해당한다.

④ 채무자인 고객 소유의 예금, 담보 부동산에 법원이나 세무서 등으로부터의 (가)압류명령 등이 있는 때에 해당한다.

⑤ 이자를 납입하기로 약정한 날에 납입하지 아니한 때에 해당한다.

23 ③

- 연체발생 ~ 14일분 : 지체된 약정이자(62만 5천 원)×연 11%(5% + 6%)×14/365 = 2,636원

- 연체 15일 ~ 30일분 : 원금(1억 5천만 원)×연 11%(5% + 6%)×16/365 = 723,287원

- 연체이자 : 2,636 + 723,287 = 725,923(원)

실제 납부금액은 연체이자에 약정이자를 포함하여 계산되므로 725,923+625,000=1,350,923(원)이 된다.

24 ②

실제 전투능력을 정리하면 경찰(3), 헌터(4), 의사(2), 사무라이(8), 폭파전문가(2)이다.

이를 토대로 탈출 통로의 좀비수와 처치 가능 좀비수를 계산해 보면

- 동쪽 통로 11마리 좀비
폭파전문가(2), 사무라이(8)하면 10마리의 좀비를 처치 가능

- 서쪽 통로 7마리 좀비
헌터(4), 경찰(3)하면 7마리의 좀비 모두 처치 가능

- 남쪽 통로 11마리 좀비
헌터(4), 폭파전문가(2) 6마리의 좀비 처치 가능

- 북쪽 통로 9마리 좀비
경찰(3), 의사(2)-전투력 강화제(1) 6마리의 좀비 처치 가능

25 ①

다음과 같은 배치로 생각할 수 있다. A와 D는 서로 붙어 있다.

26 ②

㈎ 충전시간 당 통화시간은 A모델 6.8H > D모델 5.9H > B모델 4.8H > C모델 4.0H 순이다. 음악재생시간은 D모델 > A모델 > C모델 > B모델 순으로 그 순위가 다르다. (X)

㈏ 충전시간 당 통화시간이 5시간 이상인 것은 A모델 6.8H 과 D모델 5.9H이다. (O)

㈐ 통화 1시간을 감소하여 음악재생 30분의 증가 효과가 있다는 것은 음악재생에 더 많은 배터리가 사용된다는 것을 의미하므로 A모델은 음악재생에, C모델은 통화에 더 많은 배터리가 사용된다. (X)

㈑ B모델은 통화시간 1시간 감소 시 음악재생시간 30분이 증가한다. 현행 12시간에서 10시간으로 통화시간을 2시간 감소시키면 음악재생시간이 1시간 증가하여 15시간이 되므로 C모델과 동일하게 된다. (O)

27 ③

두 개의 제품 모두 무게가 42g 이하여야 하므로 B모델은 제외된다. K씨는 충전시간이 짧고 통화시간이 길어야 한다는 조건만 제시되어 있으므로 나머지 세 모델 중 A모델이 가장 적절하다.

친구에게 선물할 제품은 통화시간이 16시간이어야 하므로 통화시간을 더 늘릴 수 없는 A모델은 제외되어야 한다. 나머지 C모델, D모델은 모두 음악재생시간을 조절하여 통화시간을 16시간으로 늘릴 수 있으며 이때 음악재생시간 감소는 C, D모델이 각각 8시간(통화시간 4시간 증가)과 6시간(통화시간 3시간 증가)이 된다. 따라서 두 모델의 음악재생 가능 시간은 15 - 8 = 7시간, 18 - 6 = 12시간이 된다. 그런데 일주일 1회 충전하여 매일 1시간씩의 음악을 들을 수 있으면 된다고 하였으므로 7시간 이상의 음악재생시간이 필요하지는 않으며, 7시간만 충족될 경우 고감도 스피커 제품이 더 낫다고 요청하고 있다. 따라서 D모델보다 C모델이 더 적절하다는 것을 알 수 있다.

28 ②

맨 오른쪽에 서 있던 것은 영수이고, 민지는 맨 왼쪽에 있지 않았으므로, 경호, 민지, 영수의 순으로 서 있었다는 것을 알 수 있다. 5층에서 영수가 내리고 엘리베이터가 다시 올라갈 때 경호는 맨 왼쪽에 서 있게 된다.

29 ②

② "유럽에서의 한방 원료 등을 이용한 'Korean Therapy' 관심 증가"라는 기회를 이용하여 "아시아 외 시장에서의 존재감 미약"이라는 약점을 보완하는 WO전략에 해당한다.

30 ⑤

브레인스토밍이란 여러 사람이 한 가지의 문제를 놓고 아이디어를 비판 없이 제시하여 그중 최선책을 찾는 방법으로 아이디어가 많을수록 좋다.

31 ③

• 영업팀 : 영어 능통자 → 미국에 5년 동안 거주한 丁
  대인관계 원만한 자 → 폭넓은 대인관계를 가진 乙
• 인사팀 : 논리 활용 프로그램 사용 적합자 → 컴퓨터 활용능력 2급 자격증을 보유하고 논리적·수학적 사고력이 우수한 丙
• 홍보팀 : 홍보 관련 업무 적합자, 외향적 성격 소유자 → 광고학을 전공하고 융통성 있는 사고를 하는 戊, 서비스업 관련 아르바이트 경험이 많은 甲

따라서 보기 ③과 같은 인력 배치가 자질과 능력에 따른 적재적소에 인력을 배치한 것이 된다.

32 ③

업무단계별 총 처리비용을 계산하면 다음과 같다.

업무단계	처리비용(원)
접수확인	(신입 20건 + 경력 18건 + 인턴 16건) × 500원 = 27,000원
인적성(Lv1)평가	신입 20건 × 2,000원 = 40,000원
인적성(Lv2)평가	(신입 20건 + 경력 18건) × 1,000원 = 38,000원
직무능력평가	인턴 16건 × 1,500원 = 24,000원
합격여부통지	(신입 20건 + 경력 18건 + 인턴 16건) × 400원 = 21,600원

따라서 총 처리비용이 두 번째로 큰 업무단계는 인적성(Lv2)평가이다.

33 ②

주어진 비용 항목 중 원재료비, 장비 및 시설비, 출장비, 인건비는 직접비용, 나머지는 간접비용이다.

• 직접비용 총액 : 4억 2백만 원 + A
• 간접비용 총액 : 6천만 원 + B

간접비용이 전체 직접비용의 30%를 넘지 않게 유지하여야 하므로,

(4억 2백만 원 + A) × 0.3 ≧ 6천만 원 + B

따라서 보기 중 ②와 같이 출장비에 8백만 원, 광고료에 6천만 원이 책정될 경우에만, 직접비용 총계는 4억 1천만 원, 간접비용 총계는 1억 2천만 원이므로 팀장의 지시사항을 준수할 수 있다.

34 ③

시간 관리를 효율적으로 하기 위하여 ㈐, ㈑, ㈒는 다음과 같이 수정되어야 한다.

㈐ 시간 배정을 계획하는 일이므로 무리한 계획을 세우지 말고, 실현 가능한 것만을 계획하여야 한다.
㈑ 시간계획은 유연하게 해야 한다. 시간계획은 그 자체가 중요한 것이 아니고, 목표달성을 위해 필요한 것이다.
㈒ 꼭 해야만 할 일을 끝내지 못했을 경우에는 차기 계획에 반영하여 끝내도록 하는 계획을 세우는 것이 바람직하다.

35 ④

금리를 높일 수 있는 방법은 가입기간을 길게 하며, 해당 우대금리를 모두 적용받는 것이다. 따라서 3년 기간으로 계약하여 2.41%와 두 가지 우대금리 조건을 모두 충족할 경우 각각 0.2%p와 0.3%p(3명의 추천까지 적용되는 것으로 이해할 수 있다.)를 합한 0.5%p가 적용되어 총 2.91%의 연리가 적용될 수 있다.

① 비대면전용 상품이므로 은행 방문 가입은 불가능하다.
② 9개월은 계약기간의 3/4에 해당하는 기간이며 월 평균 적립금액이 10만 원이므로 이후부터는 1/2인 5만 원의 월 적립금액이 허용된다.
③ 가입기간별 우대금리가 다르게 책정되어 있음을 알 수 있다.
⑤ 예금자보호법에 따라 원금과 이자가 5천만 원이 넘을 경우, 유사 시 일부 금액을 받지 못할 수도 있다.

36 ③

③ 이동 후 인원수가 감소한 부서는 37명→31명으로 바뀐 관리팀뿐이다.
① 영업팀은 1명 증가, 생산팀은 5명 증가, 관리팀은 6명 감소로 관리팀의 인원수 변화가 가장 크다.
② 이동 전에는 영업팀 > 관리팀 > 생산팀 순으로 인원수가 많았으나, 이동 후에는 영업팀 > 생산팀 > 관리팀 순으로 바뀌었다.
④ 가장 많은 인원이 이동해 온 부서는 영업팀(9+10=19)과 생산팀(7+12=19)이며, 관리팀으로 이동해 온 인원은 11+5=16명이다.
⑤ 잔류 인원보다 이동해 온 인원이 더 많은 부서는 영업팀 25 > 19, 생산팀 16 < 19, 관리팀 15 < 16으로 생산팀과 관리팀 2개 부서이다.

37 ⑤

첫 번째는 직계존속으로부터 증여받은 경우로, 10년 이내의 증여재산가액을 합한 금액에서 5,000만 원만 공제하게 된다.

두 번째 역시 직계존속으로부터 증여받은 경우로, 아버지로부터 증여받은 재산가액과 어머니로부터 증여받은 재산가액의 합계액에서 5,000만 원을 공제하게 된다.

세 번째는 직계존속과 기타친족으로부터 증여받은 경우로, 아버지로부터 증여받은 재산가액에서 5,000만 원을, 삼촌으로부터 증여받은 재산가액에서 1,000만 원을 공제하게 된다. 따라서 세 가지 경우의 증여재산 공제액의 합은 5,000 + 5,000 + 6,000 = 1억 6천만 원이 된다.

38 ②

주어진 자료를 근거로, 다음과 같은 계산 과정을 거쳐 증여세액이 산출될 수 있다.

• 증여재산 공제 : 5천만 원
• 과세표준 : 1억 7천만 원 − 5천만 원 = 1억 2천만 원
• 산출세액 : 1억 2천만 원 × 20% − 1천만 원 = 1,400만 원
• 납부액 : 1,400만 원 × 93% = 1,302만 원

39 ②

평일 오전 8시부터 오후 8시까지 최소 비용으로 계속 1명 이상의 아르바이트생을 채용하기 위해서는 강한결과 송민국을 채용하면 된다.

40 ②

평일 오전 8시부터 오후 4시까지 근무하던 강한결의 공백을 채우기 위해서는 희망 근무 시간이 맞는 사람 중 월, 수, 금은 김샛별에게, 화, 목은 금나래에게 먼저 연락해 볼 수 있다.

41 ②

한 셀에 두 줄 이상 입력하려고 하는 경우 줄을 바꿀 때는 〈Alt〉+〈Enter〉를 눌러야 한다.

42 ③

n=0, S=1

n=1, S=$1+1^2$

n=2, S=$1+1^2+2^2$

...

n=7, S=$1+1^2+2^2+\cdots+7^2$

∴ 출력되는 S의 값은 141이다.

43 ②

터미널노드(Terminal Node)는 자식이 없는 노드로서 이 트리에서는 D, I, J, F, G, H 6개이다.

44 ②

(나) 부분의 선택 – 처리 과정이 잘못되었다.

'구슬 개수 나누기 2의 나머지
= 0'→(참)→정답을 '짝수'로 정하기

'구슬 개수 나누기 2의 나머지
= 0'→(거짓)→정답을 '홀수'로 정하기

45 ③

버블 정렬은 서로 이웃한 데이터들을 비교하여 가장 큰 데이터를 가장 뒤로 보내는 정렬이다.

㉠ 1회전

9↔6		7	3	5
6	9↔7		3	5
6	7	9↔3		5
6	7	3	9↔5	
6	7	3	5	9

㉡ 2회전

6	7↔3		5	9
6	3	7↔5		9
6	3	5	7	9

㉢ 3회전

6↔3		5	7	9
3	6↔5		7	9
3	5	6	7	9

46 ⑤

현대사회에서는 물적자원에 대한 관리가 매우 중요한 사안이며 bar code와 QR 코드뿐 아니라 이를 지원하는 다양한 기법이나 프로그램들이 개발되고 있어 bar code와 QR 코드에 대한 이해가 필요하다.

⑤ bar code의 정보는 검은 막대와 하얀 막대의 서로 다른 굵기의 조합에 의해 기호화 되는 것이며, 제품군과 특성을 기준으로 물품을 대/중/소분류에 의해 관리하게 된다.

47 ④

DSUM(범위,열번호,조건)은 조건에 맞는 수치를 합하는 함수이며 DCOUNT(범위,열번호,조건)은 조건에 맞는 셀의 개수를 세는 함수이다. 따라서 DSUM이 아닌 DCOUNT 함수를 사용해야 하며, 추리영역이 있는 열은 4열이므로 '=DCOUNT(A1:D6,4,F2:F3)'를 입력해야 한다.

48 ②

SUMIF는 조건에 맞는 데이터를 더해주는 함수로서 범위는 B2:B10으로 설정해 주고 조건은 3천만원 초과가 아니라 이상이라고 했으므로 "〉=30000000"으로 설정한다.

49 ③

FREQUENCY(배열1, 배열2) : 배열2의 범위에 대한 배열1 요소들의 빈도수를 계산

*PERCENTILE(범위, 인수) : 범위에서 인수 번째 백분위수 값

함수 형태=FREQUENCY(Data_array, Bins_array)

Data_array : 빈도수를 계산하려는 값이 있는 셀 주소 또는 배열

Bins_array : Data_array를 분류하는데 필요한 구간 값들이 있는 셀 주소 또는 배열

수식 : {=FREQUENCY(B3:B9, E3:E6)}

50 ⑤

'지식'이란 '어떤 특정의 목적을 달성하기 위해 과학적 또는 이론적으로 추상화되거나 정립되어 있는 일반화된 '정보'를 뜻하는 것으로, 어떤 대상에 대하여 원리적·통일적으로 조직되어 객관적 타당성을 요구할 수 있는 판단의 체계를 제시한다.

⑤ 가치가 포함되어 있지 않은 단순한 데이터베이스라고 볼 수 있다.

✏️ **[공통] 전체**

1 ②

쌀시장 개방반대 서명운동은 신토불이 운동(1989년)으로 새 농민운동(1965년) 후에 시작되었다.
③ 농도불이운동(1996~2002년)
⑤ 또 하나의 마을 만들기(2016~현재)

2 ④

ⓒ 최소설립 조합 수 3개
ⓔ 최소설립인원 5인
ⓜ 협동조합의 날 : 7월 첫 토요일

3 ①

② 스페인의 최초 협동조합으로 1950년 후반 몬드라곤에 설립된 울고(Ulgor)가 첫 시작이었다.
③ 최초로 등록되었을 당시에 협동조합의 토지구입·비조합 거래·투자 등을 금지하여 사업에 규제가 많았다.
④ 1895년 영국 런던에서 제1회 국제대회가 개최되었다.
⑤ 독일에서는 신용조합이 먼저 발생하였다.

4 ①

② 마이크로바이옴(Microbiome) : 인체에 서식하는 각종 미생물로 미생물(Micro)과 생태계(Biome)의 합성어
③ 테라센티아(TerraSentia) : 작물 수를 세는 농업용 로봇
④ 라이브 커머스(Live Commerce) : 실시간 스트리밍으로 상품을 판매하는 온라인 채널
⑤ 바이오차(Biochar) : 유기물과 숯의 중간 성질을 지니도록 만든 물질

5 ③

고향사랑 기부제
고향이나 원하는 지자체에 주민복리 등을 위하여 기부할 경우 기부자에게 세제혜택을 주는 제도이다. 일본은 2008년 고향납세제도를 도입하였는데 초기는 지지부진했으나 여러 개선 과정을 거쳐 2015년 이후 기부금은 증가하였다. 우리나라의 경우 2019년 19대 대통령 선거 공약으로 '고향사랑 기부제' 도입이 제시되었고, 2021년 9월에 법안이 통과되어 2023년 시행을 앞두고 있다.

6 ②

스마트팜 환경정보 수집 항목 : 온실온도, 온실습도, CO_2, 일사량, 감우, 관수, 지온

7 ②

푸드체인
농산물이 생산되고 유통·판매·소비되는 과정의 이력 정보를 표준화해서 통합 관리하는 시스템이다. 누구나 원산지 추적이나 위치 및 상태, 유통기한 등의 정보를 몇 초 이내로 확인할 수 있다. 이는 블록체인 기술을 유통 시스템에 적용한 것으로 적은 비용으로 시스템을 관리 할 수 있다. 또한 거래에 참여하는 모든 사람이 같은 내용의 데이터를 보관하고 있으며 변동 상황이 발생할 경우 동시에 업데이트 되기 때문에 조작이 불가능하다는 것이 특징이다.

8 ⑤

농지연금제도
만 65세 이상 고령농업인이 소유한 농지를 담보로 노후생활 안정자금을 매월 연금형식으로 지급받는 제도로, 농지자산을 유동화하여 노후생활자금이 부족한 고령농업인의 노후 생활안정을 지원하여 농촌사회의 사회 안정망 확충 및 유지를 목적으로 한다.

9 ④

치유 농업(Agro-healing)
농업·농촌자원 또는 이와 관련한 활동을 활용하여 심리적·사회적·인지적·신체적 건강을 도모하는 산업 및 활동이다. 농업·농촌 체험을 통한 심리적 안정을 주를 이루는 것으로 이용자를 치료할 뿐만 아니라 농가소득 증대에도 도움이 돼 미래 유망산업으로 주목받고 있다.

10 ④

① 빅데이터(Big Data) : 디지털 환경에서 생성되는 데이터로 그 규모가 방대하고, 생성 주기도 짧고, 형태도 수치 데이터뿐 아니라 문자와 영상 데이터를 포함하는 대규모 데이터를 말한다. 과거에 비해 데이터의 양이 폭증했으며 데이터의 종류도 다양해져 사람들의 행동은 물론 위치정보와 SNS를 통한 생각과 의견까지 분석하고 예측할 수 있다.
② 딥러닝(Deep Learning) : 다층구조 형태의 신경망을 기반으로 하는 머신 러닝의 한 분야로, 다량의 데이터로부터 높은 수준의 추상화 모델을 구축하고자 하는 기법이다.

③ **사물인터넷**(Internet of Things) : 인터넷을 기반으로 모든 사물을 연결하여 사람과 사물, 사물과 사물 간의 정보를 상호 소통하는 지능형 기술 및 서비스를 말한다. 영어 머리글자를 따서 '아이오티(IoT)'라 약칭하기도 한다. 사물인터넷은 기존의 유선통신을 기반으로 한 인터넷이나 모바일 인터넷보다 진화된 단계로 인터넷에 연결된 기기가 사람의 개입없이 상호 간에 알아서 정보를 주고 받아 처리한다. 사물이 인간에 의존하지 않고 통신을 주고받는다는 점에서 기존의 유비쿼터스나 M2M(Machine to Machine : 사물지능통신)과 비슷하기도 하지만, 통신장비와 사람과의 통신을 주목적으로 하는 M2M의 개념을 인터넷으로 확장하여 사물은 물론이고 현실과 가상세계의 모든 정보와 상호작용하는 개념으로 진화한 단계라고 할 수 있다.

⑤ **머신러닝**(Machine Learning) : 컴퓨터에서 인간의 학습 능력을 구현하기 위한 기술로 딥러닝의 알고리즘을 이용하여 패턴을 찾아내는 기법이다.

※ **클라우드 컴퓨팅**(Cloud Computing)

㉠ 클라우드(Cloud)로 표현되는 인터넷 서버상에서 데이터 저장과 처리, 네트워크, 콘텐츠 사용 등 IT 관련 서비스를 한번에 제공하는 혁신적인 컴퓨팅 기술이다.

㉡ **클라우드 컴퓨팅의 예**

• IaaS(Infrastructure as a Service) : 서비스로써의 인프라라는 뜻으로, AWS에서 제공하는 EC2가 대표적인 예이다. 이는 단순히 서버 등의 자원을 제공해 주면서 사용자가 디바이스 제약 없이 데이터에 접근할 수 있도록 해준다.

• PaaS(Platform as a Service) : 서비스로써의 플랫폼이라는 뜻으로, 사용자(개발자)가 소프트웨어 개발을 할 수 있는 환경을 제공해 준다. 구글의 APP엔진, Heroku 등이 대표적인 예다.

• SaaS(Software as a Service) : 서비스로써의 소프트웨어라는 뜻으로, 네이버에서 제공하는 N드라이브, drop box, google do 등과 같은 것을 말한다.

11 ②

㉠에 해당하는 용어는 '엣지컴퓨팅'이다. 엣지컴퓨팅은 네트워크가 없어도 기기 자체에서 컴퓨팅을 구현할 수 있는 기술이다. 따라서 네트워크에 대한 의존도를 크게 낮출 수 있는 기술로 평가된다.

12 ①

블록체인(Block Chain) … 블록에 데이터를 담아 체인 형태로 연결하여 동시에 수많은 컴퓨터에 복제하여 저장하는 분산형 저장기술을 말하며, 공공 거래 장부라고도 불린다. 참여자들은 원장을 공유함으로써 모든 정보에 접근이 가능하며, 합의 과정을 통해 신뢰성이 보장된다.

13 ③

공동인증서
전자서명법이 개정되어 공인인증서가 폐지되었다. 공인인증서의 폐지로 민간 업체에서 만든 민간인증서가 도입되었고 공인이라는 명칭은 공동으로 변경되었다. 공동인증서를 통해 본인 신분이 확인되고, 전자서명화가 된 문서가 변경이 없음을 보장하며, 암호화 로 기밀이 보장된다.

14 ④

④ FIDO(Fast Identity Online) : 온라인 환경에서 ID, 비밀번호 없이 생체인식 기술을 활용하여 보다 편리하고 안전하게 개인 인증을 수행하는 기술이다.

① 5G(5th Generation Mobile Telecommunication) : 5G의 정식 명칭은 'IMT-2020'으로 이는 국제전기통신연합(ITU)에서 정의한 5세대 통신규약이다. 5G는 최대 다운로드 속도가 20Gbps, 최저 다운로드 속도가 100Mbps인 이동통신 기술이다.

② RPA(Robotic Process Automation) : 기업의 재무, 회계, 제조, 구매, 고객 관리 분야 데이터를 수집해 입력하고 비교하는 단순반복 업무를 자동화해서 빠르고 정밀하게 수행하는 자동화 소프트웨어 프로그램을 말한다.

③ CPO(Chief Privacy Officer) : 개인정보보호책임자로 정부의 사생활 보호규정과 법률에 위반되는 정책을 찾아내 수정하며, 해킹 등 사이버범죄로부터 회원정보를 지켜내기 위한 안전장치를 마련하는 등의 업무를 한다.

⑤ GDPR(General Data Protection Regulation) : 유럽연합의 개인정보보호법을 의미한다.

15 ④

㉠에 들어갈 용어는 '디지털 서비스세(DST Digital Service Tax)' 즉, '디지털세'이다. 디지털세는 영업이익이 아니라 '매출'을 기준으로 국가별로 보통 2 ~ 3% 부과되는 세금을 말한다(2020년 7월부터 인도네시아는 넷플릭스에 10%의 디지털세를 부과한다고 발표했다). 프랑스는 OECD에서 합의안이 도출(2020년 말 예정)되기 전, 한시적 운영으로서 2019년 최초로 디지털세를 도입했다.

※ BEPS(Base Erosion and Profit Shifting) : 다국적 기업이 각국의 조세제도 차이점 혹은 허점을 악용하여 조세 부담을 줄이는 국제적 조세회피 행위이다. OECD는 이에 대응하기 위한 「BEPS 프로젝트」에서 15개 세부 과제 중 가장 우선순위로 '디지털세'를 선정한 바 있다.

✎ **[분야별] 일반**

1 ④

헥셔-오린의 정리는 헥셔와 오린은 각국의 생산기술(생산함수)이 동일하더라도 국가 간 요소부존의 차이가 발생하면 재화의 상대가격차이가 발생하고 각국은 상대가격이 낮은 재화에 비교우위를 갖게 됨을 설명한다. 즉, 각국은 자국에 상대적으로 풍부한 부존요소를 집약적으로 사용하는 재화생산에 비교우위가 있다.

2 ③

ⓒ 백워데이션 : 현물가격이 선물가격보다 높은 상태

ⓒ 콘탱고 : 선물가격이 현물가격보다 높은 상태

ⓗ 커버드 콜 : 특정한 주식을 보유한 상태에서 콜 옵션을 비싼 가격에 매도하여 안정적으로 위험을 피하는 전략

3 ⑤

애로우는 사회후생함수를 평가하는 다섯 가지 척도 중 하나로 '비배제성'이 아니라 '비독재성'을 제시하였다.

4 ⑤

코즈 정리에서는 소유권의 설정을 통해 외부성을 해결하고자 한다. 재산권이 명확하게 설정될 수 있고 거래비용이 거의 없다면 재산권이 누구에게 귀속되는지와 상관없이 효율적인 자원배분이 가능하다고 본다.

5 ④

최후통첩 게임(ultimatum game) … 인간은 합리성 외에 공정성도 중요하게 고려한다는 이론

6 ②

무차별곡선 … 소비자에게 동일한 만족을 주는 재화묶음을 연결한 곡선을 말하며, 곡선상의 한 점에서 기울기는 그 점에서 소비자가 만족수준을 일정하게 유지하면서 한 재화를 다른 재화로 대체할 경우 교환되는 두 재화의 비율을 나타낸다. 그러므로 술만 좋아하고 다른 재화는 효용을 증가시키지 못하면 Y축의 재화가 증가하거나 감소하는 것에 관계없이 곡선이 형성되므로 Y축과 나란한 수직으로 된 직선이 나타나게 된다.

7 ①

비교우위가 아닌 절대우위에 대한 설명이다. 절대우위론은 자유무역의 근거를 최초로 제시하였다.

8 ②

② T-Bill : 미연방정부에서 발행하는 단기재무부채권으로 할인채이다.

① T-Note : 미연방정부에서 발행하는 중기재무부채권으로 6개월마다 이자를 지급하는 이표채이다.

③ T-Bond : 미연방정부에서 발행하는 장기재무부채권으로 6개월마다 이자를 지급하는 이표채이다.

④ 변동금리채 : 시장 지표금리와 이자율이 연동되어 금리가 변하는 채권으로 이자 수준이 변하는 이표채 중 하나이다.

⑤ 물가연동채권 : 투자원금이 물가 상승률을 반영하여 이자를 지급하는 채권으로 이표채이다.

※ **이표채(利票債, Coupon Bond)** … 채권을 이자를 지급하는 방식으로 구분한 것으로 채권의 권면에 부착된 이표로 이자를 지급받는다. 액면가로 채권을 발행하고 나서 이자지급일이 되면 표면이율에 따라서 연간 지급해야하는 이자를 일정 기간에 나누어 지급하는 채권이다. 이자지급 주기는 1개월 · 3개월 · 6개월이 있다.

9 ④

④ **신용부도스와프(CDS)** : 기업이 파산하여 채권이나 대출원리금을 회수하지 못할 위험에 대비한 신용파생상품으로 부채담보부증권(CDO)이다.

① **채권담보부증권(CBO)** : 고수입-고위험 채권을 담보로 발행하는 증권으로 회사채담보부 증권이라고도 한다.

② **대출채권담보부 증권(CLO)** : 은행에서 대출채권을 담보로 발행하는 증권으로 채권 담보부증권이라고도 한다.

③ **주택저당증권(MBS)** : 주택을 담보로 장기대출을 하는 것으로 주택저당채권 담보부증권이라고도 한다.

⑤ **상업용부동산 저당증권(CMBS)** : 금융기관이 상업용 부동산인 업무용 빌딩 · 상가 · 호텔 등을 담보로 대출채권을 발행하는 증권이다.

※ **자산유동화증권(ABS)** … 기업이나 은행이 보유하고 있는 자산을 담보로 발행하는 증권이다.

10 ④

P2P 대출

금융회사의 중개 없이 온라인에서 이루어지는 자금중개 대출이며 대출자가 플랫폼 업체에 대출을 신청하면 플랫폼 업체는 온라인에서 투자자들을 모아 대출하는 방식이다. 초기에는 개인 사이의 대출 중개에 집중하였으나 최근에는 기업과 다른 금융 서비스 제공까지 확장하고 있다. 온라인으로 모든 과정을 자동화하여 지점 운영비용이나 인건비, 대출영업 비용 등의 경비 지출을 최소화하고 그 수익으로 대출자에게는 낮은 금리를, 투자자에게는 높은 수익을 제공한다.

11 ①

① **공개매수(TOB)** : 특정 기업의 주식을 주식시장 외에서 공개적으로 매수하는 적대적 M&A 공격수단이다.

② **황금낙하산(Golden Parachute)** : 기업 인수로 인해 CEO가 임기 이전에 사임될 경우 퇴직금을 높게 책정하거나, 스톡옵션, 잔여임기 상여금 지급 등을 전제하여 기업 인수비용을 높이는 것을 말한다.

③ **포괄적 주식교환** : 주식교환계약으로 비상장기업 주주가 상장기업에 지분을 주고 대가로 상장기업의 신주를 받는 것으로 인수회사가 신주인수권이나 유상증자대금전달을 곤란하게 만들어 경영권을 방어하는 수단이다.

④ **자사주 취득** : 회사에 여유자금이 있으나 대주주가 자금난으로 주식취득이 어려울 경우 활용되는 수단으로 인수회사에 자금 부담을 주면서 경영권을 방어하는 수단이다.

⑤ **포이즌 필(Poison Pill)** : 경영권 침해가 발생하면 기존 주주보다 저렴한 가격으로 지분을 매입하는 권리를 미리 부여하는 제도이다.

12 ⑤

기축통화는 교환성통화로 자유사용가능성이 포함된다.

※ **기축통화(Key Currency)** … 1960년대 미국 트리핀 교수가 처음 주장한 용어로, 국제무역에서 결제나 금융거래를 진행할 때 기본으로 사용되는 통화이다. 전세계에서 원활하게 유통되기 위해 풍부한 유동성과 신뢰성이 있어야 하고 국제사회에서 다방면으로 인정받는 국가의 통화여야 한다. 제2차 세계대전 이전에는 영국 파운드화가 주로 기축통화로 이용되었고 이후에는 미국 달러화가 기축통화로 인정받고 있다.

13 ①

① 소비자물가지수는 가계에서 지출하는 재화와 서비스를 소비자가 구매하는 것으로 부동산은 포함되지 않는다.

② 수입품은 GDP디플레이터에는 나타나지 않지만 소비자물가지수에는 포함된다.

③ 파셰지수는 거래된 상품 가격이나 가중치의 평균으로 구하는 물가지수로 GDP디플레이터 성질과 같다.

④ 라스파이레스 방식으로 계산한 값을 소비자물가지수로 선택하고 있다.

⑤ GDP디플레이터에는 모든 재화와 서비스, 주택임대료도 포함된다.

14 ③

외부불경제의 비용은 이를 발생시키는 개인공급자가 부담하는 것이 아니라 사회 전체가 부담한다. 따라서 가격은 개인의 한계비용과 같고(P = PMC) 사회적 한계비용(SMC)은 이보다 높다.

15 ④

수요의 가격탄력성 결정 요인

㉠ 대체재의 수가 많을수록 그 재화는 일반적으로 탄력적이다.

㉡ 사치품은 탄력적이고 생활필수품은 비탄력적인 것이 일반적이다.

㉢ 재화의 사용 용도가 다양할수록 탄력적이다.

㉣ 수요의 탄력성을 측정하는 기간이 길수록 탄력적이다.

✎ **[분야별] IT**

1 ④

컴퓨터 시스템은 크게 하드웨어와 소프트웨어로 구성된다. 컴퓨터 정보시스템은 하드웨어, 소프트웨어와 사람, 데이터의 4가지를 구성요소로 한다.

2 ③

※ **스마트시티를 구성하는 요소** … 도시인프라, ICT인프라, 공간정보인프라, 생산 데이터 공유, IoT기술, 알고리즘·서비스, 도시혁신

3 ③

디코더(Decoder) … 코드화된 2진 정보를 다른 코드형식으로 변환하는 해독회로이다.

4 ①

② Smalltalk : Simmula와 LISP의 영향을 받은 Smalltalk는 객체지향 언어 중 가장 객체지향 전형에 충실하고, 수와 문자 등의 상수를 포함한 거의 모든 언어 실체가 객체이므로 순수객체지향 언어라고 말할 수 있다.

③ Eiffel : 파스칼형 신택스이지만 앞선 언어에 기초하여 만들어진 것은 아니며 파스칼형 객체지향 언어 중 가장 일관성 있게 설계된 언어이다.

④ C언어 : 시스템 프로그램 작성용으로 개발되었다.

⑤ Java : Netscape사에서 개발한 일종의 웹 페이지용 프로그래밍 언어로서 Sun사의 Java언어를 웹 페이지의 필요성에 맞게 단순화하여, 사용하기 편리한 프로그래밍 언어이다.

5 ②

① Prolog : 인공지능 분야에서 사용하는 논리형 고급 프로그래밍 언어이다.

③ Java : Netscape사에서 개발한 웹 페이지용 프로그래밍 언어로 Sun사의 Java언어를 웹 페이지의 필요성에 맞게 단순화하여, 사용하기 편리한 프로그래밍 언어이다.

④ C언어 : UNIX 오퍼레이팅 시스템의 기술에 사용할 것을 목적으로 설계한 언어로 컴퓨터의 구조에 밀착한 기초기술이 가능한 것과 간결한 표기가 될 수 있는 것 등을 특징으로 하는 언어이다.

⑤ APL : 수학원리에 기반을 둔 함수프로그래밍 방식의 언어(배열)이다.

6 ③

③ 속성(Attribute)에 대한 설명이다. 관계는 어떤 의미를 나타내는 정보의 대상이므로 개체와 같이 데이터베이스에 표현해야 한다.

7 ②

① 1초당 100만 개 단위의 명령어 연산이란 뜻으로 컴퓨터의 연산속도를 나타내는 단위이다.

③ 1초당 처리하는 문자의 수이다.

④ 1분당 처리하는 페이지 수이다.

⑤ 1초당 1백만비트를 전송하는 속도이다.

8 ①

② 프로토콜(Protocol) : 네트워크상에서 어떠한 형식으로 데이터를 주고 받을 것인가에 대해서 약속된 규약이다.

③ 라우터(Router) : 대규모 네트워크에 사용되는 초지능형 브리지이다.

④ 플러그 인(Plug In) : 웹 브라우저 도움 프로그램으로 넷스케이프 네비게이터 Helper Application은 또 다른 응용 프로그램을 새로 실행 시켜야 한다는 단점을 가지고 있어 이를 보완하기 위해 만든 것이다.

⑤ 파이프라인(Pipe Line) : 하나의 프로세서를 서로 다른 기능을 가진 여러 개의 서브 프로세서로 나누어 각 프로세서가 동시에 서로 다른 데이터를 처리하도록 하는 기법이다.

9 ③

병렬전송은 버스 내의 선의 개수가 레지스터를 구성하는 플립플롭의 개수와 일치한다. 플립플롭에는 RS, JK, D, T 플립플롭이 있다.

10 ①

메모리를 구할 경우 bit 전체 넓이를 구하는 것과 같으므로, 세로의 길이가 4096워드로 2의 12제곱의 값을 가진다. 그러므로 MAR의 비트수는 12bit이다. MAR이 12bit라는 것은 각 비트당 0 또는 1, 총 2가지 선택이 있고 모든 경우의 수가 2의 12제곱만큼 된다는 것이다. 2의 12제곱이 4096이다.

11 ④

AC(누산기)와 메모리의 내용을 더하여 결과를 AC에 저장하는 연산명령을 ADD라고 한다.

※ ADD의 동작순서

• MAR ← MBR(AD)

• MBR ← M(MAR)

• AC ← AC + MBR

12 ⑤

수요의 가격탄력성 결정 요인

㉠ 인터럽트 요청 신호가 발생

㉡ 현재 수행 중인 명령 완료 및 상태를 기억

㉢ 어느 장치가 인터럽트를 요청했는지 찾는다.

㉣ 인터럽트 취급 루틴 수행

㉤ 보존한 프로그램 상태로 복귀

13 ③

개인정보 보호에 관한 OECD 8원칙

㉠ 프로그램 카운터, 플래그 및 주요한 레지스터의 내용과 그 밖의 프로그램 실행 상태를 나타내는 제어정보를 묶은 것이다.

㉡ PSW는 Program Counter에 의해 제어되지 않는다.

㉢ 인터럽트가 발생했을 때 CPU는 인터럽트 발생 유무를 확인하고 발생했으면 인터럽트 사이클로 들어가게 되는데, 이 사이클 동안 Program Counter와 Program Status Word가 스택에 저장되고, 분기해야 할 주소를 새롭게 결정하게 된다.

㉣ CPU의 현재 상태, 인터럽트 발생 상태, 수행 중인 프로그램의 현재 상태 등을 나타내며, 레지스터로 독립적으로 구성되어 있다.

㉤ PSW의 크기는 32~64bit이다.

14 ①

cohesion은 응집도를 나타내는 말로 모듈의 내부 요소들이 서로 연관되어 있는 정도를 의미한다. coupling은 결합도로 모듈 간의 상호 의존하는 정도를 의미한다.

15 ②

폭포수 모형(Waterfall Model)

㉠ 요구사항 분석 → 설계 → 구현 → 시험 → 유지보수 과정을 순차적으로 접근하는 방법으로, 가장 오래되고 널리 사용되었던 고전적 라이프사이클이다.

㉡ 폭포에서 내려오는 물이 아래로만 떨어지듯이 각 단계가 순차적으로 진행되는, 즉 병행되어 진행되거나 거슬러 반복 진행되는 경우가 없다.

㉢ 설계와 코딩 및 테스팅을 지연시킬 우려가 크다.

㉣ 인사용자의 요구에 대하여 정확한 의견을 듣기 어렵고, 시스템을 한번의 계획과 실행으로 완성시키기 때문에 재사용을 위해 결과들을 정비하고 개선시키는 기회가 없다.

제2회 정답 및 해설

01 직무능력평가

1 ④
제시된 문장에서 '머리'는 사물의 앞이나 위를 비유적으로 이르는 말로 쓰였다.
① 단체의 우두머리
② 일의 시작이나 처음을 비유적으로 이르는 말
③ 한쪽 옆이나 가장자리
⑤ 사람이나 동물의 목 위의 부분

2 ③
③ 입력 데이터 x를 서로 다른 해시 함수 H와 G에 적용한 해시 값 H(x)와 G(x)는 해시 함수에 따라 달라진다.

3 ①
① ㉠ 일방향성은 주어진 해시 값에 대응하는 입력 데이터의 복원이 불가능하다는 것이다. 따라서 일방향성을 지닌 특정 해시 함수를 전자 문서 x, y에 각각 적용하여 도출한 해시 값으로부터 x, y를 복원할 수 없다.
②③ 해시 값을 표시하는 문자열의 길이는 각 해시 함수의 특성이다.
④ 입력 데이터 x, y에 특정 해시 함수를 적용하여 도출한 해시 값이 같은 것은 충돌이다.
⑤ 충돌은 서로 다른 데이터에 같은 해시 함수를 적용하였을 때 도출한 결과 값이 같은 것이다.

4 ③
네 개의 문장에서 공통적으로 언급하고 있는 것은 환경문제임을 알 수 있다. 따라서 ㈐ 문장이 '문제 제기'를 한 것으로 볼 수 있다. ㈎는 ㈐에서 언급한 바를 더욱 발전시키며 논점을 전개해 나가고 있으며, ㈑에서는 논점을 '잘못된 환경 문제의 해결 주체'라는 쪽으로 전환하여 결론을 위한 토대를 구성하며, ㈒에서 필자의 주장을 간결하게 매듭짓고 있다.

5 ③
'이제 더 이상 대중문화를 무시하고 엘리트 문화지향성을 가진 교육을 하기는 힘든 시기에 접어들었다.'가 이 글의 핵심 문장이라고 볼 수 있다. 따라서 대중문화의 중요성에 대해 말하고 있는 ③이 정답이다.

6 ③
㈎에서 과학자가 설계의 문제점을 인식하고도 노력하지 않았기 때문에 결국 우주왕복선이 폭발하고 마는 결과를 가져왔다고 말하고 있다. ㈐에서는 자신이 개발한 물질의 위험성을 알리고 사회적 합의를 도출하는 데 협조해야 한다고 말하고 있다. 두 글을 종합해 보았을 때 공통적으로 말하고자 하는 바는 '과학자로서의 윤리적 책무를 다해야 한다'라는 것을 알 수 있다.

7 ③
③ 받을 연금과 내는 보험료의 비율이 누구나 일정하여 보험료 부담이 공평한 것은 적립방식이다. 부과방식은 현재 일하고 있는 사람들에게서 거둔 보험료를 은퇴자에게 사전에 정해진 금액만큼 연금을 지급하는 것으로, 노인 인구가 늘어날 경우 젊은 세대의 부담이 증가할 수 있다고 언급하고 있다.

8 ⑤
⑤ 확정급여방식의 경우 나중에 얼마의 연금을 받을 지 미리 정해놓고 보험료를 납부하는 것으로 기금 운용 과정에서 발생하는 투자의 실패를 연금 관리자가 부담하게 된다. 따라서 투자 수익이 부실한 경우에도 가입자가 보험료를 추가로 납부해야 하는 문제는 발생하지 않는다.

9 ③

[A]에서 채소 중개상은 배추 가격이 선물 가격 이상으로 크게 뛰어오르면 많은 이익을 챙길 수 있다는 기대에서 농민이 우려하는 가격 변동에 따른 위험 부담을 대신 떠맡는 데 동의한 것이다. 즉, 선물 거래 당사자인 채소 중개상에게 가격 변동에 따른 위험 부담이 전가된 것이라고 할 수 있다.

10 ①

① ㉠과 ㉡ 모두 가격 변동의 폭에 따라 손익의 규모가 달라진다.

11 ②

전항의 일의 자리 숫자를 전항에 더한 결과 값이 후항의 수가 되는 규칙이다.

$93+3=96$, $96+6=102$, $102+2=104$,

$104+4=108$, $108+8=116$

12 ④

외국계기업은 11.8%와 4.1%를 보이고 있어 7.7%p의 가장 큰 차이를 나타내고 있음을 알 수 있다.

13 ①

$$\frac{2,838}{23,329} \times 100 = 12.16511 \cdots = 12.2(\%)$$

14 ①

$$\frac{647,314-665,984}{665,984} \times 100 = -2.88 = -2.9$$

15 ⑤

⑤ 두 표 모두 향후 구매를 '늘리겠다.'고 응답한 비율은 41.2%로 '줄이겠다.'라고 응답한 비율(29.4%)과 '유지하겠다.'라고 응답한 비율(29.4%)보다 높은 것으로 나타났다.

16 ①

한 달 동안의 통화 시간 $t\ (t=0,1,2,\cdots)$에 따른

요금제 A 의 요금

$y=10,000+150t \quad (t=0,\ 1,\ 2,\ \cdots)$

요금제 B 의 요금

$\begin{cases} y=20,200 & (t=0,\ 1,\ 2,\ \cdots,\ 60) \\ y=20,200+120(t-60) & (t=61,\ 62,\ 63,\ \cdots) \end{cases}$

요금제 C 의 요금

$\begin{cases} y=28,900 & (t=0,\ 1,\ 2,\ \cdots,\ 120) \\ y=28,900+90(t-120) & (t=121,\ 122,\ 123,\ \cdots) \end{cases}$

㉠ B 의 요금이 A 의 요금보다 저렴한 시간 t 의 구간은

$20,200+120(t-60) < 10,000+150t$ 이므로

$t > 100$

㉡ B 의 요금이 C 의 요금보다 저렴한 시간 t 의 구간은

$20,200+120(t-60) < 28,900+90(t-120)$ 이므로

$t < 170$

따라서, $100 < t < 170$ 이다.

∴ $b-a$ 값은 70

17 ①

2008년 전체 지원자 수를 x 라 하면, $27:270=100:x$

∴ $x=1,000$

2007년의 전체 지원자 수도 1,000명이므로 건축공학과 지원자 수는 $1,000 \times \dfrac{242}{1,000} = 242$

$270-242=28$(명)

18 ①

① 2008년 4분기, 2009년 1분기에 각각 GDP 성장률이 하락하였다.

19 ④

A~D의 효과성과 효율성을 구하면 다음과 같다.

구분	효과성		효율성	
	산출/목표	효과성 순위	산출/투입	효율성 순위
A	$\dfrac{500}{(가)}$	3	$\dfrac{500}{200+50}=2$	2
B	$\dfrac{1,500}{1,000}=1.5$	2	$\dfrac{1,500}{(나)+200}$	1
C	$\dfrac{3,000}{1,500}=2$	1	$\dfrac{3,000}{1,200+(다)}$	3
D	$\dfrac{(라)}{1,000}$	4	$\dfrac{(라)}{300+500}$	4

- A와 D의 효과성 순위가 B보다 낮으므로 $\dfrac{500}{(가)}$, $\dfrac{(라)}{1,000}$의 값은 1.5보다 작고 $\dfrac{500}{(가)} > \dfrac{(라)}{1,000}$가 성립한다.

- 효율성 순위가 1순위인 B는 2순위인 A의 값보다 커야 하므로 $\dfrac{1,500}{(나)+200} > 2$이다.

- C와 D의 효율성 순위가 A보다 낮으므로 $\dfrac{3,000}{1,200+(다)}$, $\dfrac{(라)}{300+500}$의 값은 2보다 작고 $\dfrac{3,000}{1,200+(다)} > \dfrac{(라)}{300+500}$가 성립한다.

따라서 이 조건을 모두 만족하는 값을 찾으면 (가), (나), (다), (라)에 들어갈 수 있는 수치는 ④이다.

20 ③

③ 주가지수가 1,897로 가장 높았던 2007년을 한 예로 보면, 2007년의 시가총액회전율은

$\dfrac{거래대금}{시가총액} \times 100 = \dfrac{1,363}{952} \times 100 = 약 \ 143(\%)$인데 그래프 상에서는 300(%)를 넘는 것으로 작성되었다.

21 ③

첫 번째와 두 번째 규칙에 따라 두 사람의 점수 총합은 $4 \times 20 + 2 \times 20 = 120$점이 된다. 이 때 두 사람 중 점수가 더 낮은 사람의 점수를 x점이라고 하면, 높은 사람의 점수는 $120 - x$점이 되므로 $120 - x = x + 12$가 성립한다.

따라서 $x = 54$이다.

22 ⑤

경수는 일반기업체에 정규직으로 입사한 지 1년 이상 되었으며 연 소득도 2,000만 원 이상이므로 '샐러리맨 우대대출' 상품이 적당하다.

23 ④

④ '유학생 또는 해외체재비 송금'을 목적으로 할 경우 건당 한도는 '5만 불'이다.

24 ⑤

⑤ 경진은 비영업일(토요일)에 송금을 했으므로 송금액은 익영업일인 4월 11일 월요일 10시에 출금된다.

25 ②

C의 진술이 참이면 C는 출장을 간다. 그러나 C의 진술이 참이면 A는 출장을 가지 않고 A의 진술은 거짓이 된다. A의 진술이 거짓이 되면 그 부정은 참이 된다. 그러므로 D, E 두 사람은 모두 출장을 가지 않는다. 또한 D, E의 진술은 거짓이 된다.

D의 진술이 거짓이 되면 실제 출장을 가는 사람은 2명 미만이 된다. 그럼 출장을 가는 사람은 한 사람 또는 한 사람도 없는 것이 된다.

E의 진술이 거짓이 되면 C가 출장을 가고 A는 안 간다. 그러므로 E의 진술도 거짓이 된다.

그러면 B의 진술도 거짓이 된다. D, A는 모두 출장을 가지 않는다. 그러면 C만 출장을 가게 되고 출장을 가는 사람은 한 사람이다.

만약 C의 진술이 거짓이라면 출장을 가는 사람은 2명 미만이어야 한다. 그런데 이미 A가 출장을 간다고 했으므로 B, E의 진술은 모두 거짓이 된다. B 진술의 부정은 D가 출장을 가지 않고 A도 출장을 가지 않는 것이므로 거짓이 된다. 그러면 B의 진술도 참이 되어 B가 출장을 가야 한다. 그러면 D의 진술이 거짓인 경가 존재하자 않게 되어 모순이 된다. 그럼 D의 진술이 참인 경우를 생각하면 출장을 가는 사람은 A, D 이므로 이미 출장 가는 사람은 2명 이상이 된다. 그러면 B, D의 진술의 진위여부를 가리기 어려워진다.

26 ④

④ 대학로점 손님은 마카롱을 먹지 않은 경우에도 알레르기가 발생했고, 강남점 손님은 마카롱을 먹고도 알레르기가 발생하지 않았다. 따라서 대학로점, 홍대점, 강남점의 사례만을 고려하면 마카롱이 알레르기 원인이라고 볼 수 없다.

27 ③

③ 제1조에 을(乙)은 갑(甲)에게 계약금 → 중도금 → 잔금 순으로 지불하도록 규정되어 있다.

① 제1조에 중도금은 지불일이 정해져 있으나, 제5조에 '중도금 약정이 없는 경우'가 있을 수 있음이 명시되어 있다.

② 제4조에 명시되어 있다.

④ 제5조의 규정으로, 을(乙)이 갑(甲)에게 중도금을 지불하기 전까지는 을(乙), 갑(甲) 중 어느 일방이 본 계약을 해제할 수 있다. 단, 중도금 약정이 없는 경우에는 잔금 지불하기 전까지 계약을 해제할 수 있다.

⑤ 제6조에 명시되어 있다.

28 ③

명제 2와 3을 삼단논법으로 연결하면, '윤 사원이 외출 중이 아니면 강 사원도 외출 중이 아니다.'가 성립되므로 A는 옳다. 또한, 명제 2가 참일 경우 대우명제도 참이어야 하므로 '박 과장이 외출 중이면 윤 사원도 외출 중이다.'도 참이어야 한다. 따라서 B도 옳다.

29 ⑤

보기 ⑤의 패스워드는 권장규칙에 어긋나는 패턴이 없으므로 가장 적절하다고 볼 수 있다.

① CVBN은 키보드 상에서 연속한 위치에 존재하는 문자들의 집합이다.

② 숫자가 제일 앞이나 제일 뒤에 오며 연속되어 나타나는 패스워드이다.

③ 영단어 'school'과 숫자 567890이 교차되어 나타나는 패턴의 패스워드이다.

④ 'BOOK'라는 흔한 영단어의 'O'를 숫자 '0'으로 바꾼 경우에 해당된다.

30 ①

김대리 > 최부장 ≥ 박차장 > 이과장의 순이다.

박차장이 최부장보다 크지 않다고 했으므로, 박차장이 최부장보다 작거나 둘의 키가 같을 수 있다. 따라서 B는 옳지 않다.

31 ②

인사이동에 따라 A지점에서 근무지를 다른 곳으로 이동한 직원 수는 모두 32 + 44 + 28 = 104명이다. 또한 A지점으로 근무지를 이동해 온 직원 수는 모두 16 + 22 + 31 = 69명이 된다. 따라서 69 − 104 = −35명이 이동한 것이므로 인사이동 후 A지점의 근무 직원 수는 425 − 35 = 390명이 된다.

같은 방식으로 D지점의 직원 이동에 따른 증감 수는 83 − 70 = 13명이 된다. 따라서 인사이동 후 D지점의 근무 직원 수는 375 + 13 = 388명이 된다.

32 ④

A사를 먼저 방문하고 중간에 회사로 한 번 돌아와야 하며, 거래처에서 바로 퇴근하는 경우의 수와 그에 따른 이동 거리는 다음과 같다.

- 회사 − A − 회사 − C − B : 20 + 20 + 14 + 16 = 70km
- 회사 − A − 회사 − B − C : 20 + 20 + 26 + 16 = 82km
- 회사 − A − C − 회사 − B : 20 + 8 + 14 + 26 = 68km
- 회사 − A − B − 회사 − C : 20 + 12 + 26 + 14 = 72km

따라서 68km가 최단 거리 이동 경로가 된다.

33 ④

최장 거리 이동 경로는 회사 − A − 회사 − B − C이며, 최단 거리 이동 경로는 회사 − A − C − 회사 − B이므로 각각의 연료비를 계산하면 다음과 같다.

- 최장 거리 : 3,000 + 3,000 + 3,900 + 3,000 = 12,900원
- 최단 거리 : 3,000 + 600 + 2,100 + 3,900 = 9,600원

따라서 두 연료비의 차이는 12,900 − 9,600 = 3,300원이 된다.

34 ①

하루 대여 비용을 계산해보면 다음과 같다. 따라서 가장 경제적인 차량 임대 방법은 승합차량 1대를 대여하는 것이다.

① 132,000 원

② $60,000 \times 3 = 180,000$(원)

③ $84,000 \times 2 = 168,000$(원)

④ $60,000 + 122,000 = 182,000$(원)

⑤ $84,000 + 146,000 = 230,000$(원)

35 ②

주어진 조건에 의해 다음과 같이 계산할 수 있다.

$\{(1,000,000 + 100,000 + 200,000) \times 12 + (1,000,000 \times 4) + 500,000\} \div 365 \times 30 = 1,652,055$원

따라서 소득월액은 1,652,055원이 된다.

36 ②

긴급 상황이나 재난 상황에서 물적자원의 관리 소홀이나 부족 등은 더욱 큰 손실을 야기할 수 있으며, 꼭 필요한 상황에서 확보를 위한 많은 시간을 낭비하여 필요한 활동을 하지 못하는 상황이 벌어질 수 있다. 따라서 개인 및 조직에 필요한 물적자원을 확보하고 적절히 관리하는 것은 매우 중요하다고 할 수 있다.

② 물적자원을 영리 추구의 목적으로 보관하는 것은 효율적인 사용을 위한 관리의 중요성 차원과는 거리가 먼 것이다.

37 ③

$300 \div 55 = 5.45 ≒ 5.5$(억 원)이고 3km이므로 $5.5 \times 3 = $ 약 16.5(억 원)

38 ④

네 번째 조건에서 수요일에 9대가 생산되었으므로 목요일에 생산된 공작기계는 8대가 된다.

월요일	화요일	수요일	목요일	금요일	토요일
		9대	8대		

첫 번째 조건에 따라 금요일에 생산된 공작기계 수는 화요일에 생산된 공작기계 수의 2배가 되는데, 두 번째 조건에서 요일별로 생산한 공작기계의 대수가 모두 달랐다고 하였으므로 금요일에 생산된 공작기계의 수는 6대, 4대, 2대의 세 가지 중 하나가 될 수 있다.

그런데 금요일의 생산 대수가 6대일 경우, 세 번째 조건에 따라 목~토요일의 합계 수량이 15대가 되어야 하므로 토요일은 1대를 생산한 것이 된다. 그러나 토요일에 1대를 생산하였다면 다섯 번째 조건인 월요일과 토요일에 생산된 공작기계의 합이 10대를 넘지 않는다. (∵ 하루 최대 생산 대수는 9대이고 요일별로 생산한 공작기계의 대수가 모두 다른 상황에서 수요일에 이미 9대를 생산하였으므로)

금요일에 4대를 생산하였을 경우에도 토요일의 생산 대수가 3대가 되므로 다섯 번째 조건에 따라 월요일은 7대보다 많은 수량을 생산한 것이 되어야 하므로 이 역시 성립할 수 없다. 즉, 세 가지 경우 중 금요일에 2대를 생산한 경우만 성립하며 화요일에는 1대, 토요일에는 5대를 생산한 것이 된다.

월요일	화요일	수요일	목요일	금요일	토요일
	1대	9대	8대	2대	5대

따라서 월요일과 토요일에 생산된 공작기계의 합이 10대가 넘기 위해 가능한 수량은 6+7=13이다.

39 ①

할인내역을 정리하면

○ A 신용카드
• 교통비 20,000원
• 외식비 2,500원
• 학원수강료 30,000원
• 연회비 15,000원
• 할인합계 37,500원

○ B 신용카드
• 교통비 10,000원
• 온라인 의류구입비 15,000원
• 도서구입비 9,000원
• 할인합계 30,000원

○ C 신용카드
• 교통비 10,000원
• 카페 지출액 5,000원
• 재래시장 식료품 구입비 5,000원
• 영화관람료 4,000원
• 할인합계 24,000원

40 ②

2010년 2월 5일에 이행기가 도래한 채무는 A, B, C, D인데 이율이 높은 B와 D가 먼저 소멸해야 한다. B와 D의 이율이 같으므로 이행기가 먼저 도래한 B가 전부 소멸된다.

41 ④

① 노트북 83번 모델은 한국 창원공장과 구미공장 두 곳에서 생산되었다.

② 15년에 생산된 제품이 17개로 14년에 생산된 제품보다 4개 더 많다.

③ TV 36번 모델은 한국 청주공장에서 생산되었다.

⑤ 한국에서 생산된 제품은 11개이고, 중국에서 생산된 제품은 19개이다.

42 ②

중국 옌타이 제1공장의 C라인은 제품 코드의 "CNB-1C"으로 알 수 있다. 에어컨 58번 모델 두 개를 반품해야 한다.

43 ②

숫자는 1, 4, 7, 10, 13, 16으로 채워지고 요일은 월, 수, 금, 일, 화, 목으로 채워지고 있다. 따라서 A6값은 16이고 B6값은 목요일이다.

44 ③

적시성과 독점성은 정보의 핵심적인 특성이다. 따라서 정보는 우리가 원하는 시간에 제공되어야 하며, 원하는 시간에 제공되지 못하는 정보는 정보로서의 가치가 없어지게 될 것이다. 또한 정보는 아무리 중요한 내용이라도 공개가 되고 나면 그 가치가 급격하게 떨어지는 것이 보통이다. 따라서 정보는 공개 정보보다는 반공개 정보가, 반공개 정보보다는 비공개 정보가 더 큰 가치를 가질 수 있다. 그러나 비공개 정보는 정보의 활용이라는 면에서 경제성이 떨어지고, 공개 정보는 경쟁성이 떨어지게 된다. 따라서 정보는 공개 정보와 비공개 정보를 적절히 구성함으로써 경제성과 경쟁성을 동시에 추구해야 한다.

45 ①

DMAX는 데이터 최대값을 구할 때 사용되는 함수이고, 주어진 조건에 해당하는 값을 선택하여 평균을 구할 때는 DAVERAGE가 사용된다. 따라서 DAVERAGE(범위, 열번호, 조건)을 입력해야 하는데 범위는 [A1]부터 [C9]까지이고 점수를 평균내야 하기 때문에 열 번호는 3이다. 조건은 2학년이기 때문에 'E4:E5'로 설정한다.

46 ①

RANK(number, ref, [order])

number는 순위를 지정하는 수이므로 B2, ref는 범위를 지정하는 것이므로 \$B\$2:\$B\$8이다. oder는 0이나 생략하면 내림차순으로 순위가 매겨지고 0이 아닌 값을 지정하면 오름차순으로 순위가 매겨진다.

47 ③

COUNTIFS 함수는 복수의 조건을 만족하는 셀의 개수를 구하는 함수이다. COUNTIFS(조건범위1, 조건1, 조건범위2, 조건2)로 입력한다. 따라서 설문에서는 편집팀 소속이면서 대리의 직급을 가지는 사람의 수를 구하는 것이므로 3이 답이다.

48 ①

엑셀 통합 문서 내에서 다음 워크시트로 이동하려면 〈Ctrl〉+〈Page Down〉을 눌러야 하며, 이전 워크시트로 이동하려면 〈Ctrl〉+〈Page Up〉을 눌러야 한다.

49 ②

a, S의 값의 변화과정을 표로 나타내면

a	S
2012	0
2012	0+2012
201	0+2012+201
20	0+2012+201+20
2	0+2012+201+20+2
0	0+2012+201+20+2+0

따라서 인쇄되는 S의 값은
0+2012+201+20+2+0 = 2235이다.

50 ③

새로운 정책에 대하여 시민의 의견을 알아보고자 하는 것은 정책 시행 전 관련된 정보를 수집하는 단계로, 설문조사의 결과에 따라 다른 정보의 분석 내용과 함께 원하는 결론을 얻을 수 있다.

✏ **[공통] 전체**

1 ③

① 농기계 서비스 센터 설치 : 1970년대
② 농협중앙회 축산부문 분리 : 1980년대
④ 농협법 개정 : 2000년대
⑤ 농산물유통 정보센터 업무 개시 : 1970년대

2 ③

협동조합 7대 원칙
㉠ **자발적이고 개방적인 조합원 제도** : 협동조합은 자발적이며, 성(性)적·사회적·인종적·정치적·종교적 차별 없이 열려있는 조직이다.
㉡ **조합원에 의한 민주적 관리** : 조합원마다 동등한 투표권(1인 1표)을 가지며, 민주적인 방식으로 조직·운영한다.
㉢ **조합원의 경제적 참여** : 협동조합의 자본은 공정하게 조성되고 민주적으로 통제되며 자본금의 일부는 조합의 공동재산이다. 출자배당이 있는 경우에 조합원은 출자액에 따라 제한된 배당금을 수령한다.
㉣ **자율과 독립** : 협동조합이 다른 조직과 약정을 맺거나 외부에서 자본을 조달할 때 조합원에 의한 민주적 관리가 보장되고, 협동조합의 자율성이 유지되어야 함
㉤ **교육·훈련 및 정보 제공** : 조합원, 선출된 임원, 경영자, 직원들에게 교육과 훈련을 제공, 젊은 세대와의 여론 지도층에게 협동의 본질과 장점에 대한 정보를 제공한다.
㉥ **협동조합 간의 협동** : 국내, 국외에서 공동으로 협력 사업을 전개함으로써 협동조합 운동의 힘을 강화하고, 조합원에게 효과적으로 봉사한다.
㉦ **지역사회에 대한 기여** : 조합원의 동의를 토대로 조합이 속한 지역사회의 지속 가능한 발전을 위해 노력한다.

3 ③

㉢ 협동조합의 경우 업종 및 분야의 제한은 없다. 단, 금융 및 보험업은 제외한다.

4 ②

① 애그테크 : 첨단기술을 농업에 적용하는 것을 말한다. 농산물의 파종부터 수확까지의 전 단계에 적용한다.
③ 농지은행 : 효율적인 농지이용과 농업 구조 개선으로 농업 경쟁력 제고와 안정적인 농지시장을 위하여 한국농어촌공사가 운영하는 제도이다. 전업농 및 신규 창업농을 중심으로 임대하여 안정적인 영농과 농지시장의 안정 도모를 목표로 하고 있다.
④ 최소시장접근을 의미하는 것으로 수입을 금지했던 상품 시장을 개방할 때 일정 기간 동안 최소한의 개방폭을 규정하는 것을 말한다. 쌀과 같은 농산물 시장 개방 시 국내시장의 충격 완화를 위하여 전면적으로 개방하지는 않아도 최소한의 개방정도 하향폭을 가르킨다.
⑤ 플랜테이션 : 열대 또는 아열대 지방에서 선진국 혹은 다국적 기업의 자본과 기술, 원주민의 값싼 노동력이 결합되어 상품 작물을 대규모로 경작하는 농업 방식을 말한다. 타국의 자본과 농업 기술에 의존하여 경제적으로 종속되거나 노동력 착취 등의 인권 문제가 발생하기도 한다.

5 ①

② 양수장 : 하천수나 호수 등 수면이 관개지역보다 낮아 자연 관개를 할 수 없는 경우에 양수기를 설치하여 물을 퍼 올려 농업용수로 사용하기 위해 설치하는 용수공급 시설
③ 취입보 : 하천에서 필요한 농촌용수를 용수로 도입할 목적으로 설치하는 시설
④ 관정 : 우물통이나 파이프를 지하에 연직방향으로 설치하여 지하수를 이용하기 위한 시설
⑤ 배수장 : 일정지역에 우천이나 홍수 시 고인 물을 지역 밖으로 배제하기 위한 시설

6 ①

② 암종병 : 상처침입균으로 엽흔에 침입하여 표면에 불규칙한 혹이나 궤양이 발생한다.
③ 균류병 : 사과에 질병을 일으키는 원인 중에 하나인 병이다.
④ 붉은별무늬 : 녹균의 일종인 Gymnosporangiun 속(屬)의 병원균에 의해 나뭇잎에 얼룩점 무늬의 작은 황색무늬가 점점 커지면서 나타난다. 적성병으로도 불린다.
⑤ 점무늬낙엽병 : Alternaria Mali에 의해 나타나고 잎에 담갈색 병반이 점차 커지는 병징이 있다.

7 ②

MA저장(Modified Atmosphere Storage) … 별도의 시설없이 가스투과성을 지닌 폴리에틸렌이나 폴리프로필렌필름 등 적절한 포장재를 이용하여 CA저장의 효과를 얻는 방법으로 단감 저장 시 실용화되어 있다.

8 ⑤

6차 산업

6차 산업은 농촌의 인구 감소와 고령화, 수입 농산물 개방으로 인한 국내 농산물 경쟁력 약화 등의 문제로 새롭게 등장하였으며, 국내 공식 명칭은 농촌 융·복합 산업이다. 현재 농림축산식품부에서 6차 산업 사업자를 대상으로 성장 가능성을 고려하여 심사를 거친 뒤 사업자 인증서를 수여하고 있다.

9 ②

② **랜선 농촌관광** : 컴퓨터나 스마트폰 등 랜선으로 직접 농가를 방문한 것처럼 농촌체험을 제공하는 것을 말한다. 시청자들과 실시간 질의응답을 하며 소통을 통해 여러 체험을 선보이고 있다.
① **라이브 커머스** : 인터넷, 애플리케이션 등 다양한 플랫폼을 통한 실시간 스트리밍으로 상품을 판매하는 온라인 채널을 말한다.
③ **스마트 마을회관** : 정보 소외 현상을 겪는 농촌지역에 스마트 TV와 AI 스피커 등을 활용하여 다양한 서비스를
④ **사회적 농장** : 농장 활동을 통하여 사회적으로 소외된 장애인이나 독거노인, 다문화 가정 등 취약계층에게 일자리를 제공하는 단체이다.
⑤ **농대 실습장 지원 사업** : 재정여건 악화로 농업관련 시설 지원이 열악했던 농업계 대학에 실습장을 구축하는 사업이다.

10 ④

④ **DCEP**(Digital Currency Eletronic Payment) : 중국에서 시행하는 디지털 위안화를 의미한다.
① **CBDC**(Central Bank Digital Currency) : 중앙은행 디지털 화폐(CBDC)이다.
② **비트코인**(Bit Coin) : 2009년 나카모토 사토시에 의해 개발된 가상 디지털 화폐이다.
③ **E-크로나**(E-Krona) : 스웨덴 중앙은행에서 발행한 세계 최초의 디지털 화폐이다.
⑤ **이더리움**(Ethereum) : 러시아 이민자 출신 캐나다인 비탈리크 부테린이 2014년 개발한 가상화폐이다.

11 ④

① **핫 스팟**(Hotspot) : 무선공유기 주변의 통신 가능한 구역을 의미한다.
② **Wi - Fi** : 근거리 컴퓨터 네트워크 방식인 고성능 무선 통신인 무선랜을 의미한다.
③ **테더링**(Tethering) : 휴대전화를 모뎀처럼 사용하는 것으로 노트북과 같은 기기에 휴대폰을 연결하여 인터넷을 연결하여 사용하는 기능을 의미한다.
⑤ **Hi - Fi** : 24비트 이상의 고해상도 음원을 의미한다.

12 ①

① **M 커머스**(M Commerce) : 전자상거래의 일종이다. 가정이나 사무실에서 유선으로 인터넷에 연결하고 상품이나 서비스를 사고파는 것과 달리 이동 중에 거래할 수 있는 것을 말한다.
② **C 커머스**(C Commerce) : 온라인 공간에서 다른 기업과 기술이나 정보를 공유하여 수익을 창출하는 전자상거래 방식을 말한다.
③ **U 커머스**(U Commerce) : 모든 기기로 빠르게 비즈니스를 수행할 수 있는 전자상거래를 말한다.
④ **E 커머스**(E Commerce) : 온라인 네트워크를 통해 상품이나 서비스를 사고파는 것을 말한다.
⑤ **라이브 커머스**(Live Commerce) : 생방송에서 구매자와 판매자가 실시간 소통하면서 쇼핑하는 스트리밍 방송을 말한다.

13 ⑤

① **아이폰 법칙**(iPone's Law) : 아이폰 신제품의 첫 주 판매량이 이전에 출시한 제품보다 2배 이상 많은 현상을 말한다.
② **한계효용체감의 법칙**(Law of Diminishing Marginal Utility) : 소비량은 증가해도 만족감은 점차 줄어드는 것을 의미한다.
③ **황의 법칙**(Hwang's Law) : 삼성전자 황창규 사장이 발표한 것으로 반도체 메모리 용량이 1년에 2배 증가한다는 이론을 말한다.
④ **멧칼프의 법칙**(Metcalfe's Law) : 네트워크 망의 가치는 사용자 수의 제곱에 비례한다는 것을 말한다.

14 ④

빅데이터(Big Data) … 디지털 환경에서 생성되는 데이터로 그 규모가 방대하고, 생성 주기도 짧고, 형태도 수치 데이터뿐 아니라 문자와 영상 데이터를 포함하는 대규모 데이터를 말한다. 빅데이터를 설명하는 4V는 데이터의 양(Volume), 데이터 생성 속도(Velocity), 형태의 다양성(Variety), 가치(Value)이다.

※ 5V
- ㉠ Volume(데이터의 양)
- ㉡ Variety(다양성)
- ㉢ Velocity(속도)
- ㉣ Veracity(정확성)
- ㉤ Value(가치)

15 ④

④ 과거 거래내역과 패턴을 분석하여 의심거래가 발생하면 사전에 알려주는 금융사기를 방지하는 서비스가 있다. 지연인출제도는 2012년 6월 26일부터 시행되고 있던 제도로 1회에 100만원 이상 금액이 송금·이체되어 입금되면 30분간 인출·이체가 지연되는 것이다.

※ 마이데이터 서비스(Mydata Service) … 개인신용정보를 사용하여 통합적인 서비스를 제공받는 것이다. 정보를 활용하여 개별적인 상품 추천이나 조언을 받는 것이다.

✎ [분야별] 일반

1 ①

환율이 상승하면 수출이 증가하고, 수입은 줄어들게 된다. 환율이 하락할 시 물가 안정 및 외채 부담 감소 등의 긍정적인 효과가 있는 반면에 수출과 해외 투자가 줄어들고 핫머니 유입 등 부정적인 효과를 가져 올 수 있다.

2 ④

우체국의 경우 보호대상 기관이 아니다. 따라서 우체국 취급 관련 상품은 「예금자보호법」을 따르지 아니하고 정부가 지급을 보장하는 「우체국 예금·보험에 관한 법률」을 따라야 한다.

3 ③

디플레이션(Deflation) … 인플레이션의 반대 개념으로 물가가 지속적으로 하락하는 것을 말한다. 소비가 위축되면서 재화의 가격이 하락하고 화폐가치가 상승하게 된다. 기업도 생산과 고용을 줄여 실업률이 증가하고 이로 인해 경기침체가 가속되어 채무자는 부채 상환의 어려움을 느끼고 결국 악순환이 반복된다.

4 ⑤

마찰적 실업(frictional unemployment)

노동자가 자신에게 더 나은 조건의 직장을 찾기 위해 갖는 일시적 실업상태를 말한다. 마찰적 실업은 노동시장에 대한 정보부족 내지는 노동의 이동성 부족이 원인이므로 취업에 대한 정보를 적절한 시기에, 효율적으로 제공하는 것이 중요하다.

5 ②

국내에서 이뤄지는 활동을 통한 비용만 GDP에 영향을 준다. 우리나라에 위치하는 농림어업, 제조업, 광공업, 전기가스수도업, 건설업, 서비스업, 세금 등은 GDP에 영향을 준다.

6 ②

가격차별의 형태

㉠ 1차 가격차별
- 동일한 상품일지라도 소비자 개개인이 얻는 효용은 모두 다르다. 따라서 각각의 소비자는 상품에 대한 가격지불의사 또한 다르다. 1차 가격차별은 이러한 개별 소비자의 지불의사에 가격을 부과하는 것으로 승품을 지불할 수 있는 금액을 모두 부과하므로 소비자 편익은 남지 않으며 모두 기업이윤으로 귀속되는 가격정책이다.
- 기업이 개별 소비자가 얻은 효용을 완전하게 알고 있을 때에 가능하므로 현실에서 예를 찾아보기 힘들다.

㉡ 2차 가격차별
- 재화 구입량마다 가격을 다르게 설정하는 것을 말한다.
- 2차 가격차별은 1차 가격차별보다 현실적이며 현실에서 그 예를 찾기 쉽다.
- 전화의 사용량에 따라 그 요금의 차이가 나는 것은 2차 가격차별의 예이다.

㉢ 3차 가격차별
- 소비자의 특징에 따라 시장을 분할하여 각 시장마다 서로 다른 가격을 설정한다.
- 극장에서 심야시간대와 일반시간대의 입장료가 다른 것을 말한다.
- 각 시장마다 소비자들의 수요에 대한 가격탄력성이 다르므로 이윤극대화를 달성하기 위해서는 수요의 가격탄력성이 작은 시장에 높은 가격, 수요의 가격탄력성이 큰 시장에 낮은 가격을 설정한다.

7 ⑤

중앙은행의 주요 역할

㉠ 화폐 발권

㉡ 통화신용정책 수립 · 집행

㉢ 금융기관에 대한 대출

㉣ 금융기관의 예금과 예금지급준비

㉤ 한국은행 통화안정증권 발권

㉥ 자금결제 업무

㉦ 민간에 대한 업무 : 「한국은행법」이 제정한 경우를 제외하고 정부 · 정부대행기관, 금융기관 외의 법인이나 개인과 예금 또는 대출 거래를 하거나 개인의 채무를 표시하는 증권을 매입할 수 없다.

㉧ 경제에 관한 조사연구 및 통계업무 : 통화금융통계, 국민계정, 국제수지표, 자금 순환표, 산업연관표, 기업경영분석, 생산자물가지수 등

8 ③

본원통화 … 중앙은행이 화폐발행의 독점적 권한을 통하여 공급한 통화를 말하며 화폐발행액과 지급준비예치금의 합계로 측정한다. 이렇게 공급된 통화는 파생적으로 예금 통화를 창출하는 기초가 되는데 이렇게 창출된 통화는 파생통화라고 한다.

9 ③

수요의 가격탄력성 결정요인 : 대체재의 유무(有無), 기간의 장단(長短), 재화의 성격(소비자의 선호)

10 ③

㉡의 경우 취업자인 상태에서 비경제활동 인구가 되었으므로 실업률은 증가하고 고용률은 하락한다.

11 ①

② **포이즌 필** : 기존 주주들이 시가보다 저렴하게 주식을 살 수 있는 권리를 주거나 회사에 주식을 비싼 값에 팔 수 있는 권리를 주면서 적대적 M&A에 나선 기업이 부담을 갖게 되어 방어할 수 있다.

③ **곰의 포옹** : 사전에 경고 없이 매수자가 목표 기업의 이사들에게 편지를 보내어 매수 제의를 하고 신속한 의사결정을 요구하는 방식이다.

④ **공개매수** : 매수자가 매수기간과 가격, 수량 등을 공개적으로 제시하고 불특정다수의 주주로부터 주식을 매수하는 방법이다.

⑤ **그린메일** : 경영권을 위협하는 수준까지 특정 회사의 주식을 대량으로 매입해놓고 기존 대주주에게 M&A를 포기하는 조건으로 일정한 프리미엄을 얻어 주식을 매입하도록 요구하는 행위를 말한다.

12 ③

③의 경우 ELD에 대한 특징이다.

※ ELS(주가연계증권) 특징

① 주가나 지수변동에 민감하여 이에 따라 투자자는 만기 시, 원금 외 수익을 지급받을 수 있다.

② 기존 주식에 비해 복잡한 구조와 유가증권시장에 상장되지 않음에 따라 유동성이 낮고 발생증권사의 신용리스크에 노출된다.

13 ②

① 1월 효과

③ 서머랠리

④ 허니문랠리

⑤ 주말효과

14 ⑤

칼도어의 정형화된 사실

㉠ 노동생산성은 일정하게 증가한다.

㉡ 자본과 노동의 소득비율은 일정하게 증가한다.

㉢ 실질이자율은 일정한 수준을 지닌다.

㉣ 자본−산출량계수는 대체로 일정하다.

㉤ 총소득에서 노동과 자본의 상대적 소득분배율이 일정하다.

㉥ 각 나라마다 성장률에는 차이가 있다.

15 ④

가격차별의 조건

㉠ 불완전 경쟁시장이어야 한다.

㉡ 서로 다른 집단으로 분리 가능해야 한다.

㉢ 시장 간 전매(A시장에서 구매한 재화를 B시장에서 재판매)는 불가능해야 한다.

㉣ 공급자가 시장에 대한 독점력을 가지고 있어야 한다.

㉤ 시장 분리에 들어가는 비용이 가격차별의 이익보다 적어야 한다.

1 ①

② 펌웨어(Firmware) : 하드웨어와 소프트웨어의 중간에 해당하는 장치이다.

③ 제어장치(Control Unit) : 인출, 간접, 실행, 인터럽트 단계를 반복한다.

④ 기억장치(Storage Device) : 컴퓨터의 정보를 보관하기 위한 아주 중요한 장치이다.

⑤ 연상장치(Associative Processor) : 주기억장치에 기억된 데이터를 제어장치에서 지시하는 명령에 따라 연산하는 장치이다.

2 ④

프로그래밍 언어의 설계원칙

㉠ 프로그래밍 언어의 개념이 분명하고 단순해야 한다.

㉡ 신택스가 분명해야 한다.

㉢ 자연스럽게 응용할 수 있어야 한다.

㉣ 프로그램 검증이 용이하다.

㉤ 적절한 프로그램 작성환경이 갖추어져 있어야 한다.

㉥ 프로그램이 호환성이 있어야 한다.

㉦ 효율적이어야 한다.

3 ①

② 큐(Queue) : 한쪽 끝에서 삭제가 일어나고 한쪽 끝에서 삽입이 되는 선입선출 알고리즘을 가지는 선형 리스트를 말한다.

③ 데크(Deck, Double Ended Queue) : 리스트의 양쪽 끝에서 삽입과 삭제가 이루어진다.

④ 트리(Tree) : 비선형 구조로서 기억장소 할당, 정렬, 검색에 응용된다.

⑤ 카운터(Counter) : 입력펄스에 따라 레지스터의 상태가 미리 정해진 순서대로 변화하는 레지스터이다.

4 ②

② LISP는 함수기반 언어이다. 및

5 ②

② RARP는 호스트의 물리주소를 이용하여 논리 주소인 IP 주소를 얻어 오기 위해 사용되는 프로토콜이다.

6 ④

④ DNS(Domain Name System) : 계층적 이름 구조를 갖는 분산형 데이터 베이스로 구성된다. https://www.goseowon.com일 경우 뒷부분 com의 주소, goseowon의 주소, www의 주소 순서로 해석한다.

① 라우터(Router) : 둘 혹은 그 이상의 네트워크를 연결해 한 통신망에서 다른 통신망으로 통신할 수 있도록 도와주는 장치이다.

② 모블로그(Moblog) : 휴대전화를 이용하여 컴퓨터상의 블로그에 글·사진 등의 콘텐츠를 올릴 수 있는 서비스이다.

③ CGI(Common Gateway Interface) : 웹서버가 외부프로그램과 데이터를 주고받을 수 있도록 정의한 표준안이다.

⑤ FTP(File Transfer Protocol) : 인터넷상에서 한 컴퓨터에서 다른 컴퓨터로 파일전송을 지원하는 통신규약이다.

7 ①

본정보통신망 형태의 종류화 … 성형(스타형), 망형(메쉬형), 링형(루프형), 버스형, 트리형

8 ④

종합 서비스 디지털망(ISDN : Integrated Service Digital Network) … 전화망에서 모뎀 없이 데이터 전송이 가능하게 변화시킨 것으로 하나의 전화회선을 통해 음성, 데이터, 화상 등의 정보를 동시에 주고받을 수 있는 미래의 종합 서비스 디지털망이다.

ISDN 사용자 서비스

㉠ 베어러 서비스(Bearer Service) : 가입자 간의 정보의 전달기능을 제공한다.

㉡ 텔레 서비스(Tele Service) : 상위계층(OSI 계층 4, 5, 6, 7)의 기능을 포함하는 모든 계층의 표준화된 서비스를 제공한다.

㉢ 부가서비스(Supplementary Service) : 음성, 영상 등의 기본 서비스에 추가된 새로운 서비스를 제공한다.

9 ④

① DMA(Direct Memory Access) : 입 · 출력에 관한 모든 동작을 자율적으로 수행하는 방식

② DNS(Domain Name System) : 인터넷에 연결된 특정컴퓨터의 도메인 네임을 IP Address로 바꾸어 주거나 또는 그 반대의 작업을 처리해주는 시스템

③ UDP(Moblog) : 휴대전화를 이용하여 컴퓨터상의 블로그에 글 · 사진 등의 콘텐츠를 올릴 수 있는 서비스이다.

⑤ HDLC(High Level Data Link Control) : 반이중과 전이중의 두 통신형태기능을 가진 프로토콜

10 ③

① EDSAC(Electronic Delay Storage Automatic Computer) : 프로그램을 내장한 최초의 컴퓨터이다.

② PCS(Personal Communication Services) : 디지털 휴대폰이다.

④ IBM 701 : IBM이 최초로 상업적 판매를 위해 개발한 컴퓨터이다.

⑤ UNIVAC-1 : 유니시스사의 세계 최초의 상업용 컴퓨터이다.

11 ②

① WAN(Wide Area Network) : 이해관계가 깊은 연구소 간 및 다국적 기업 또는 상호 유대가 깊은 동호기관을 LAN으로 상호 연결시킨 망이다.

③ MAN(Metropolitan Area Network) : LAN의 서비스영역 협소와 WAN의 능률저하 및 일정 지역에 대한 비경제성을 극소화한 망이다.

④ VAN(Value Added Network) : 회선을 직접 보유하거나 통신사업자의 회선을 임차 또는 이용하여 단순한 전송기능 이상의 정보의 축적이나 가공, 변환 등의 부가가치를 부여한 음성, 데이터 정보를 제공해 주는 매우 광범위하고 복합적인 서비스의 집합이다.

⑤ ISDN(Integrated Services Digital Network) : 전화망에서 모뎀 없이 데이터 전송이 가능하게 변화시킨 것으로 하나의 전화회선을 통해 음성, 데이터, 화상 등의 정보를 동시에 주고받을 수 있는 미래의 종합 서비스 디지털망이다.

12 ②

데이터 수정 SQL … BETWEEN은 " ~ 부터 ~ 까지"라는 의미로 AND와 함께 사용한다.

UPDATE [table name]

SET [col1=new_data1], [col2=new_data2], …

WHERE[target_col]=[value]: BETWEEN value1 AND value2:

데이터 조작어(DML : Data Manipulation Language)

응용프로그램과 데이터베이스 관리 시스템 간의 인터페이스를 위한 언어로 검색, 수정, 삽입, 삭제한다

㉠ 데이터 검색 : SELECT[col1], [col2], … FROM [table name] [option1] [option2], …:

㉡ 데이터 수정 : UPDATE[table name] SET [col1 = new_data1], [col2=new_data2], … WHERE [target_col]=[value]:

㉢ 데이터 삭제(Tele Service) : DELETE FROM[table name] WHERE [target_col]=[value]:

㉣ 데이터 삽입 : INSERT INTO [table name] ([col1], [col2], …) VALUES ([data1], [data2], …):

13 ②

쉬프트 연산자 : 비트를 몇 칸씩 옆으로 이동하는 연산

<< : 이진법의 왼쪽 시프트 연산자로 왼쪽 피연산자를 오른쪽 피연산자의 비트 숫자만큼 왼쪽으로 이동

>> : 이진법의 오른쪽 시프트 연산자로 왼쪽 피연산자를 오른쪽 피연산자의 비트 숫자만큼 오른쪽으로 이동

계산

㉠ (a>>2) 오른쪽으로 2비트 쉬프트

㉡ int a = 101 : $101 \times \frac{1}{2^2} = 101 \times \frac{1}{4} = 25$

㉢ ((a>>2)<< 3)→(a>>2)의 결과를 <<3 왼쪽으로 3비트씩 쉬프트 $25 \times 2^3 = 25 \times 8 = 200$

㉣ System.out.println((a>>2) << 3):→200 출력

14 ①

공개키 암호 방식 … 암호키와 암호를 해독하는 복호키 중
암호화 키를 외부에 공개하여, 상대방은 공개된 암호화키를
이용하여 정보를 보내고, 자신은 자신만이 가진 복호화 키
를 이용하여 수신된 정보를 해독할 수 있도록 한 정보 암호
화 방식이다. 대표적인 공개키 암호 방식에는 RSA 알고리
즘이 있다. 위 문제에서는 공개키 암호 방식을 전자서명에
적용한다고 하였는데 일반적으로 전자 서명의 인증 과정은
RSA 알고리즘과는 반대 원리이며 비공개키 알고리즘과 공
개키 알고리즘의 조합을 사용한다. 전자서명은 자신을 다수
의 타인에게 증명하는 기능이므로, 암호화 과정에서 자신만
아는 비밀키(전자 서명)를 사용한다. 암호화한 전자 서명은
다수의 타인이 확인하므로 해독 과정에서는 공개키를 사용
한다. 전자 서명 과정에서 복잡하게 두 단계로 암호화하는
이유는 다음과 같다. 먼저 RSA 알고리즘을 사용해 암호화
하는 과정은 전송 과정에서의 보안 문제를 해결하기 위함이
다. 그런데 이렇게 전송 보안 문제를 해결하면 전자 서명의
기본 목적인 인증 문제를 해결해야 하므로 비공개키인 전자
서명을 사용해 암호화하는 과정도 필요하다.

15 ③

㉠ 빠른 커널 실행→ 커널과 사용자 공간의 대화로 빠르지
　는 않다.

㉡ 새로운 서비스를 추가하는 것은 커널의 수정을 필요로
　하지 않는다.

㉢ 쉽게 새 하드웨어 포트 추가

㉣ 적은 메시지 통신→프로그램이 파일에 접근하기 위해서
　는 커널과 통신을 해야 하므로 자주 메시지를 교환한다.

㉤ 유닉스는 마이크로 커널 구조 시스템을 사용→제한적
　구조 시스템을 사용한다.

제3회 정답 및 해설

01 직무능력평가

1 ④

④ ㉣ - 資金用途
- 用途 … 쓰이는 길. 또는 쓰이는 곳
- 用度 … 씀씀이(돈이나 물건 혹은 마음 따위를 쓰는 형편)

2 ①

① B국의 시장 금리가 하락하면, A국에서 유출되었던 자금이 다시 복귀하면서 오버슈팅의 정도는 작아질 것이다.

3 ④

국내 통화량이 증가하여 유지될 경우, 물가가 경직적이어서 실질 통화량(㉠)은 증가하고 이에 따라 시장 금리(㉡)는 하락한다. 시장 금리 하락은 투자의 기대 수익률 하락으로 이어져, 단기성 외국인 투자 자금이 해외로 빠져나가거나 신규 해외 투자 자금 유입을 위축시키는 결과를 초래한다. 이 과정에서 자국 통화의 가치는 하락하고 환율(㉢)은 상승한다. → 따라서 t 이후에 하락하는 a는 ㉡ 시장 금리 그래프이다.
시간이 경과함에 따라 물가가 상승하여 실질 통화량이 원래 수준으로 돌아오고 해외로 유출되었던 자금이 시장 금리의 반등으로 국내로 복귀하면서, 단기에 과도하게 상승했던 환율은 장기에는 구매력 평가설에 기초한 환율로 수렴된다. → 따라서 시간이 경과함에 따라 원래 수준으로 돌아오는 c는 ㉠ 실질 통화량 그래프이고, 구매력 평가설에 기초한 환율로 수렴하는 b는 ㉢ 환율의 그래프이다.

4 ③

빈칸 앞의 문장과 '그래서'로 연결되고 있으며, 뒤로 이어지는 내용으로 볼 때, ③이 들어가는 것이 적절하다.

5 ⑤

⑤ 세무서장이 발급한 자금출처 확인서는 해외이주비 총액이 10만불을 초과할 때 필요한 서류다.

6 ①

경쟁은 둘 이상의 사람이 하나의 목표를 향해서 다른 사람보다 노력하는 것이며, 이 때 경쟁의 전제가 되는 것은 합의에 의한 경쟁 규칙을 반드시 지켜야 한다는 점이므로 빈칸에는 '경쟁은 정해진 규칙을 꼭 지키는 가운데서 이루어져야 한다'는 내용이 올 수 있을 것이다. 농구나 축구, 그리고 마라톤 등의 운동 경기는 자신의 소속 팀을 위해서 또는 자기 자신을 위해서 다른 팀이나 타인과 경쟁하는 것이며, 스포츠맨십은 규칙의 준수와 관련이 있으므로 글에서 말하는 경쟁의 한 예로 적합하다.

7 ②

㉠ 사물은 이쪽에서 보면 모두가 저것, 저쪽에서 보면 모두가 이것이다 → ㉣ 그러므로 저것은 이것에서 생겨나고, 이것 또한 저것에서 비롯되는데 이것과 저것은 혜시가 말하는 방생의 설이다 → ㉢ 그러나 혜시도 말하듯이 '삶과 죽음', '된다와 안 된다', '옳다와 옳지 않다'처럼 상대적이다 → ㉡ 그래서 성인은 상대적인 방법이 아닌 절대적인 자연의 조명에 비추어 커다란 긍정에 의존한다.

8 ⑤

⑤ 첫 문단에서 GDP를 계산할 때는 총 생산물의 가치에서 중간생산물을 가치를 뺀다고 언급하고 있다.

9 ④

④ 2012년도와 2010년도의 실질 GDP는 7,000원으로 동일하기 때문에 생산 수준이 올랐다고 판단할 수 없다.

10 ⑤

⑤ ㉠ 뒤로 언급되는 '이때 GDP는 무역 손실에 따른 실질 소득의 감소를 제대로 반영하지 못하기 때문에 GNI가 필요한 것이다'라는 문장을 통해 알 수 있다.

11 ③

지도상 1cm는 실제로 10km가 된다.

$$10 \times \frac{7}{4} = 17.5\,\text{km}$$

12 ⑤

2012년 농산물 물량 : 232.6(천 톤)

2013년 농산물 물량 : 223.5(천 톤)

2012년 농산물 물량을 100%로 봤을 때 2013년 농산물 물량은 96.08770 … %이므로 약 3.9% 감소했음을 알 수 있다.

13 ④

④ 원자력 소비량은 2005년에 36.7백만TOE에서 2006년에 37.2백만TOE로 증가하였다가 2007년에는 다시 30.7백만TOE로 감소하였다. 이렇듯 2006년부터 2014년까지 전년 대비 원자력 소비량의 증감추이를 분석하면 증가, 감소, 증가, 감소, 증가, 증가, 감소, 감소, 증가로 증감을 거듭하고 있다.

① 2005년부터 2014년까지 1차 에너지 소비량은 연간 약 230~290백만TOE 사이이다. 석유 소비량은 연간 101.5~106.2백만TOE로 나머지 에너지 소비량의 합보다 적다.

② 석탄 소비량은 전체 기간으로 볼 때 완만한 상승세를 보이고 있다.

③ 기타 에너지 소비량은 지속적으로 증가하는 추세이다.

⑤ LNG 소비량은 2009년 이후로 지속적으로 증가하다가 2014년에 전년 대비 4.7백만TOE 감소하였다.

14 ⑤

⑤ 2014년 GDP 대비 M2의 비율은 2007년에 비해 16.6%p 상승하였다.

15 ③

5,000,000 × 0.29% = 14,500원

16 ②

지수상승에 따른 수익률(세전)은 실제 지수상승률에도 불구하고 연 4.67%를 최대로 하기 때문에 지수가 약 29% 상승했다고 하더라도 상원이의 연 최대 수익률은 4.67%를 넘을 수 없다.

17 ①

① 2015년 농업의 부가가치유발계수는 전년 대비 소폭 상승하였다.

18 ④

병원비 지원 기준에 따라 각 직원이 지원 받을 수 있는 내역을 정리하면 다음과 같다.

A 직원	본인 수술비 300만 원(100% 지원), 배우자 입원비 50만 원(90% 지원)
B 직원	배우자 입원비 50만 원(90% 지원), 딸 수술비 200만 원(직계비속→80% 지원)
C 직원	본인 수술비 300만 원(100% 지원), 아들 수술비 400만 원(직계비속→80% 지원)
D 직원	본인 입원비 100만 원(100% 지원), 어머니 수술비 100만 원(직계존속→80% 지원), 남동생 입원비 50만 원(직계존속 신청 有→지원 ×)

이를 바탕으로 A~D 직원 4명이 총 병원비 지원 금액을 계산하면 1,350만 원이다.

A 직원	300 + (50 × 0.9) = 345만 원
B 직원	(50 × 0.9) + (200 × 0.8) = 205만 원
C 직원	300 + (400 × 0.8) = 620만 원
D 직원	100 + (100 × 0.8) = 180만 원

19 ⑤

〈표2〉에 따르면 2002년부터 2004년까지는 1호주달러당 원화가 1유로당 원화보다 금액이 컸다. 즉, 호주달러의 가치가 유로의 가치보다 큰 것이다. 그런데 2005년에는 호주달러보다 유로의 가치가 커졌다가 2006년에 동일해졌다. 따라서 ⑤번 그래프가 잘못 표현되었다.

20 ④

㉠ 1거래일 시가는 12,000원이고 5거래일 종가는 11,800원이다. 따라서 1거래일 시가로 매입한 주식을 5거래일 종가로 매도하는 경우 수익률은

$$\frac{11,800 - 12,000}{12,000} \times 100 = 약 \ -1.6이다.$$

㉢ 3거래일 종가는 12,800원이고 4거래일 종가는 12,900원이다. 따라서 3거래일 종가로 매입한 주식을 4거래일 종가로 매도하는 경우 수익률은

$$\frac{12,900 - 12,800}{12,800} \times 100 = 약 \ 0.8이다.$$

21 ④

이런 유형은 문제에서 제시한 상황, 즉 1명이 당직을 서는 상황을 각각 설정하여 1명만 진실이 되고 3명은 거짓말이 되는 경우를 확인하는 방식의 풀이가 유용하다. 각각의 경우, 다음과 같은 논리가 성립한다.

고 대리가 당직을 선다면, 진실을 말한 사람은 윤 대리와 염 사원이 된다.

윤 대리가 당직을 선다면, 진실을 말한 사람은 고 대리, 염 사원, 서 사원이 된다.

염 사원이 당직을 선다면, 진실을 말한 사람은 윤 대리가 된다.

22 ②

남자사원의 경우 ⓒ, ⑭, ◎에 의해 다음과 같은 두 가지 경우가 가능하다.

	월요일	화요일	수요일	목요일
경우 1	치호	영호	철호	길호
경우 2	치호	철호	길호	영호

[경우 1]

옥숙은 수요일에 보낼 수 없고, 철호와 영숙은 같이 보낼 수 없으므로 옥숙과 영숙은 수요일에 보낼 수 없다. 또한 영숙은 지숙과 미숙 이후에 보내야 하고, 옥숙은 지숙 이후에 보내야 하므로 조건에 따르면 다음과 같다.

	월요일	화요일	수요일	목요일
남	치호	영호	철호	길호
여	지숙	옥숙	미숙	영숙

[경우 2]

		월요일	화요일	수요일	목요일
	남	치호	철호	길호	영호
경우 2-1	여	미숙	지숙	영숙	옥숙
경우 2-2	여	지숙	미숙	영숙	옥숙
경우 2-3	여	지숙	옥숙	미숙	영숙

문제에서 영호와 옥숙을 같이 보낼 수 없다고 했으므로, [경우 1], [경우 2-1], [경우 2-2]는 해당하지 않는다. 따라서 [경우 2-3]에 의해 목요일에 보내야 하는 남녀사원은 영호와 영숙이다.

23 ③

모든 A는 B이고, 모든 B는 C이므로 모든 A는 C이다. 또한 모든 B는 C라고 했으므로 어떤 C는 B이다. 따라서 모두 옳다.

24 ①

국제 유가가 상승하면 대체 에너지인 바이오 에탄올의 수요가 늘면서 이것의 원료인 옥수수의 수요가 늘어 옥수수 가격은 상승한다. 옥수수 가격의 상승에 대응하여 농부들은 다른 작물의 경작지를 옥수수 경작지로 바꿀 것이다. 결국 밀을 포함한 다른 농작물은 공급이 줄어 가격이 상승하게 된다(이와 같은 이유로 유가가 상승할 때 국제 농산물 가격도 상승하였다). 밀 가격의 상승은 이를 주원료로 하는 라면의 생산비용을 높여 라면 가격이 상승한다.

25 ④

장소별로 계산해 보면 다음과 같다.
- 분수광장 후면 1곳(게시판) : 120,000원
- 주차 구역과 경비초소 주변 각 1곳(게시판)
  : 120,000원 × 2 = 240,000원
- 행사동 건물 입구 1곳(단독 입식) : 45,000원
- 분수광장 금연 표지판 옆 1개(벤치 2개 + 쓰레기통 1개) :
  155,000원
- 주차 구역과 경비초소 주변 각 1곳(단독)
  : 25,000 × 2 = 50,000원

따라서 총 610,000원의 경비가 소요된다.

26 ⑤

참석인원이 800명이므로 800장을 준비해야 한다. 이 중 400장은 2도 단면, 400장은 5도 양면 인쇄로 진행해야 하므로 총 인쇄비용은 (5,000 × 4) + (25,000 × 4) = 120,000원이다.

27 ④

⑦ 토목공사이므로 150억 원 이상 규모인 경우에 안전관리자를 선임해야 하므로 별도의 안전관리자를 선임하지 않은 것은 잘못된 조치로 볼 수 없다.

⑪ 일반공사로서 120억 원 이상 800억 원 미만의 규모이므로 안전관리자를 1명 선임해야 하며, 자격증이 없는 산업안전 관련학과 전공자도 안전관리자의 자격에 부합되므로 적절한 선임 조치로 볼 수 있다.

(다) 1,500억 원 규모의 공사이므로 800억 원을 초과하였으며, 매 700억 원 증가 시마다 1명의 안전관리자가 추가되어야 하므로 모두 3명의 안전관리자를 두어야 한다. 또한, 전체 공사 기간의 앞뒤 15%의 기간에는 건설안전기사, 건설안전산업기사, 건설업 안전관리자 경험자 중 건설업 안전관리자 경력이 3년 이상인 사람 1명이 포함되어야 한다. 그런데 C공사에서 선임한 3명은 모두 이에 해당되지 않는다. 따라서 밤에 정해진 규정을 준수하지 못한 경우에 해당된다.

(라) 1,600억 원 규모이므로 3명의 안전관리자가 필요한 공사이다. 1년 차에 100억 원 규모의 공사가 진행된다면 총 공사 금액의 5%인 80억 원을 초과하므로 1명을 줄여서 선임할 수 있는 기준에 충족되지 못하므로 3명을 선임하여야 하는 경우가 된다.

28 ⑤

솜 인형의 실제 무게는 18파운드이며, 주어진 산식으로 부피무게를 계산해 보아야 한다. 부피무게는 28 × 10 × 10 ÷ 166 = 17파운드가 되어 실제 무게보다 가볍다. 그러나 28inch는 28 × 2.54 = 약 71cm가 되어 한 변의 길이가 50cm 이상이므로, A배송사에서는 (18 + 17) × 0.6 = 21파운드의 무게를 적용하게 된다. 따라서 솜 인형의 운송비는 19,000원이다.

29 ①

① 두환이는 N은행의 PB고객이므로 최대 6,000만 원 이내까지 대출이 가능하다.

30 ③

수도권 중 과밀억제권역에 해당하므로 우선변제를 받을 보증금 중 일정액의 범위는 2,000만 원이다. 그런데 ④처럼 하나의 주택에 임차인이 2명 이상이고 그 보증금 중 일정액을 모두 합한 금액(甲 2,000만 원 + 乙 2,000만 원 + 丙 1,000만 원 = 5,000만 원)이 주택가액인 8,000만 원의 2분의 1을 초과하므로 그 각 보증금 중 일정액을 모두 합한 금액에 대한 각 임차인의 보증금 중 일정액의 비율(2 : 2 : 1)로 그 주택가액의 2분의 1에 해당하는 금액(4,000만 원)을 분할한 금액을 각 임차인의 보증금 중 일정액으로 봐야 한다.
따라서 우선변제를 받을 보증금 중 일정액은 甲 1,600만 원, 乙 1,600만 원, 丙 800만 원으로 乙과 丙이 담보물권자보다 우선하여 변제받을 수 있는 금액의 합은 1,600 + 800 = 2,400만 원이다.

31 ②

甲~戊의 심사기준별 점수를 산정하면 다음과 같다. 단, 丁은 신청마감일(2014. 4. 30.) 현재 전입일부터 6개월 이상의 신청자격을 갖추지 못하였으므로 제외한다.

구분	거주 기간	가족 수	영농 규모	주택 노후도	사업 시급성	총점
甲	10	4	4	8	10	36점
乙	4	8	10	6	10	38점
丙	6	6	8	10	10	40점
戊	8	6	10	8	4	36점

따라서 상위 2가구는 丙과 乙이 되는데, 2가구의 주소지가 B읍·면으로 동일하므로 총점이 더 높은 丙을 지원하고, 나머지 1가구는 甲, 戊의 총점이 동점이므로 가구주의 연령이 더 높은 甲을 지원하게 된다.

32 ⑤

상품별 은행에 내야 하는 총금액은 다음과 같다.

• A상품 : (1,000만 원 × 1% × 12개월) + 1,000만 원
　　　　　 = 1,120만 원
• B상품 : 1,200만 원
• C상품 : 90만 원 × 12개월 = 1,080만 원

㉠ A상품의 경우 자동차를 구입하여 소유권을 취득할 때, 은행이 자동차 판매자에게 즉시 구입금액을 지불하는 상품으로 자동차 소유권을 얻기까지 은행에 내야 하는 금액은 0원이다. → 옳음

㉡ 1년 내에 사고가 발생해 50만 원의 수리비가 소요된다면 각 상품별 총비용은 A상품 1,170만 원, B상품 1,200만 원, C상품 1,080만 원이다. 따라서 A상품보다 C상품을 선택하는 것은 유리하지만, B상품은 유리하지 않다. → 틀림

㉢ 자동차 소유권을 얻는 데 걸리는 시간은 A상품 구입 즉시, B상품 1년, C상품 1년이다. → 옳음

㉣ B상품과 C상품 모두 자동차 소유권을 얻기 전인 1년까지는 발생하는 모든 수리비를 부담해 준다. 따라서 사고 여부와 관계없이 총비용이 작은 C상품을 선택하는 것이 유리하다. → 옳음

33 ③

메뉴별 이익을 계산해보면 다음과 같으므로, 현재 총이익은 60,600원이다. 한 잔만 더 판매하고 영업을 종료했을 때 총이익이 64,000원이 되려면 한 잔의 이익이 3,400원이어야 하므로 바닐라라떼를 판매해야 한다.

구분	메뉴별 이익	1잔당 이익
아메리카노	$(3,000-200) \times 5=14,000$원	2,800원
카페라떼	$\{3,500-(200+300)\} \times 3=9,000$원	3,000원
바닐라라떼	$\{4,000-(200+300+100)\} \times 3=10,200$원	3,400원
카페모카	$\{4,000-(200+300+150)\} \times 2=6,700$원	3,350원
캐러멜라떼	$\{4,300-(200+300+100+250)\} \times 6=20,700$원	3,450원

34 ③

A제품의 생산량을 x개라 하면, B제품의 생산량은 $(50-x)$개이므로,

$50x +20(50-x) \leq 1,600$ ······ ㉠

$3x +5(50-x) \leq 240$ ······ ㉡

㉠을 정리하면 $x \leq 20$

㉡을 정리하면 $x \geq 5$

따라서 ㉠과 ㉡을 합치면 $5 \leq x \leq 20$이므로, 이익이 더 큰 A제품을 x의 최댓값인 20개 생산할 때 이익이 최대가 된다.

35 ②

②는 간접비용, 나머지는 직접비용의 지출 항목으로 분류해야 한다.

※ 직접비용과 간접비용으로 분류되는 지출 항목은 다음과 같은 것들이 있다.

  ㉠ 직접비용 : 재료비, 원료와 장비, 시설비, 출장 및 잡비, 인건비 등

  ㉡ 간접비용 : 보험료, 건물관리비, 광고비, 통신비, 사무비품비, 각종 공과금 등

36 ⑤

자원을 활용하기 위해서는 가장 먼저 나에게 필요한 자원은 무엇이고 얼마나 필요한지를 명확히 설정하는 일이다. 무턱대고 많은 자원을 수집하는 것은 효율적인 자원 활용을 위해 바람직하지 않다. 나에게 필요한 자원을 파악했으면 다음으로 그러한 자원을 수집하고 확보해야 할 것이다. 확보된 자원을 유용하게 사용할 수 있는 활용 계획을 세우고 수립된 계획에 따라 자원을 활용하는 것이 적절한 자원관리 과정이 된다. 따라서 이를 정리하면, 다음 순서와 같다.

1) 어떤 자원이 얼마나 필요한지를 확인하기
2) 이용 가능한 자원을 수집(확보)하기
3) 자원 활용 계획 세우기
4) 계획에 따라 수행하기의 4단계가 있다.

37 ①

A~E의 지급 보험금을 산정하면 다음과 같다.

피보험물건	지급 보험금
A	주택, 보험금액 ≥ 보험가액의 80%이므로 손해액 전액 지급→6천만 원
B	일반물건, 보험금액 < 보험가액의 80%이므로 손해액 × $\dfrac{보험금액}{보험가액의\ 80\%}$ 지급 →$6,000 \times \dfrac{6,000}{6,400}=5,625$만 원
C	창고물건, 보험금액 < 보험가액의 80%이므로 손해액 × $\dfrac{보험금액}{보험가액의\ 80\%}$ 지급 →$6,000 \times \dfrac{7,000}{8,000}=5,250$만 원
D	공장물건, 보험금액 < 보험가액이므로 손해액 × $\dfrac{보험금액}{보험가액}$ 지급 →$6,000 \times \dfrac{9,000}{10,000}=5,400$만 원
E	동산, 보험금액 < 보험가액이므로 손해액 × $\dfrac{보험금액}{보험가액}$ 지급 →$6,000 \times \dfrac{6,000}{7,000}=$ 약 $5,143$만 원

따라서 지급 보험금이 많은 것부터 순서대로 나열하면 A − B − D − C − E이다.

38 ④

④ 가입자가 C상품과 D상품에 동시에 가입하려면 N은행에 각각 1,000원씩 총 2,000원을 내야 한다. 2011년 12월 30일 금 가격이 50,000원일 경우, C상품과 D상품 모두 N은행이 가입자에게 지급할 금액이 0원이다. 따라서 가입자는 2,000원의 손해를 보게 된다. 즉, 2011년 12월 30일 금 가격이 48,000원을 초과하고 52,000원 미만일 경우 가입자는 손해를 보게 된다.

39 ④

(가) 1일 평균 근로시간은 '근로시간÷근로일수'로 계산할 수 있으며, 연도별로 8.45시간, 8.44시간, 8.47시간, 8.45시간으로 2016년이 가장 많다. (O)

(나) 1일 평균 임금총액은 '임금총액÷근로일수'로 계산할 수 있으며, 연도별로 149.2천 원, 156.4천 원, 161.6천 원, 165.4천 원으로 매년 증가하였다. (O)

(다) 1시간 당 평균 임금총액은 '임금총액÷근로시간'으로 계산할 수 있으며, 연도별로 17.7천 원, 18.5천 원, 19.1천 원, 19.6천 원으로 매년 증가하였다. (O)

(라) 2014년~2016년의 수치로 확인해 보면, 근로시간이 더 많은 해에 임금총액도 더 많다고 할 수 없으므로 비례관계가 성립하지 않는다. (X)

40 ⑤

시간 관리를 통하여 일에 대한 부담을 줄이는 것은 스트레스를 줄이는 효과적인 접근이 될 수 있다. 또한 시간 관리를 잘 한다면 직장에서 일을 수행하는 시간을 줄이고, 일과 가정 혹은 자신의 다양한 여가를 동시에 즐길 수 있게 된다. 특히, 주어진 매트릭스의 사례에서 볼 수 있듯, 긴급하지 않지만 중요한 일과 긴급하지만 중요하지 않은 일을 자신의 상황과 업무 내용에 따라 적절한 기준을 적용하여 순위에 따라 수행한다면 일의 우선순위를 따져 효과적인 시간 관리를 하는 데 큰 도움을 얻을 수 있다.

⑤ 처음 계획보다 더 많은 일을 수행하게 되는 것은 긍정적인 현상이라고 볼 수 없으며 이는 일 중독자에게 나타나는 현상으로 볼 수 있다.

41 ②

MOD(숫자, 나눌 값) : 숫자를 나눌 값으로 나누어 나머지가 표시된다. 따라서 7을 6으로 나누면 나머지가 1이 된다.

MODE : 최빈값을 나타내는 함수이다. 제시된 시트에서 6이 최빈값이다.

42 ③

A=1, S=1

A=2, S=1+2

A=3, S=1+2+3

...

A=10, S=1+2+3+⋯+10

∴ 출력되는 S의 값은 55이다.

43 ①

(가) RFID : IC칩과 무선을 통해 식품·동물·사물 등 다양한 개체의 정보를 관리할 수 있는 인식 기술을 지칭한다. '전자태그' 혹은 '스마트 태그', '전자 라벨', '무선식별' 등으로 불린다. 이를 기업의 제품에 활용할 경우 생산에서 판매에 이르는 전 과정의 정보를 초소형 칩(IC칩)에 내장시켜 이를 무선주파수로 추적할 수 있다.

(나) 유비쿼터스 : 유비쿼터스는 '언제 어디에나 존재한다.'는 뜻의 라틴어로, 사용자가 컴퓨터나 네트워크를 의식하지 않고 장소에 상관없이 자유롭게 네트워크에 접속할 수 있는 환경을 말한다.

(다) VoIP : VoIP(Voice over Internet Protocol)는 IP 주소를 사용하는 네트워크를 통해 음성을 디지털 패킷(데이터 전송의 최소 단위)으로 변환하고 전송하는 기술이다. 다른 말로 인터넷전화라고 부르며, 'IP 텔레포니' 혹은 '인터넷 텔레포니'라고도 한다.

44 ④

대학은 Academy의 약어를 활용한 'ac.kr'을 도메인으로 사용한다. 주어진 도메인 외에도 다음과 같은 것들을 참고할 수 있다.

㉠ co.kr - 기업/상업기관(Commercial)

㉡ ne.kr - 네트워크(Network)

㉢ or.kr - 비영리기관(Organization)

㉣ go.kr - 정부기관(Government)

㉤ hs.kr - 고등학교(High school)

㉥ ms.kr - 중학교(Middle school)

㉦ es.kr - 초등학교(Elementary school)

45 ④

VLOOKUP은 범위의 첫 열에서 찾을 값에 해당하는 데이터를 찾은 후 찾을 값이 있는 행에서 열 번호 위치에 해당하는 데이터를 구하는 함수이다. 단가를 찾아 연결하기 위해서는 열에 대하여 '항목'을 찾아 단가를 구하게 되므로 VLOOKUP 함수를 사용해야 한다.

찾을 방법은 TRUE(1) 또는 생략할 경우, 찾을 값의 아래로 근삿값, FALSE(0)이면 정확한 값을 표시한다. VLOOKUP (B2, $A$8:$B$10, 2, 0)은 'A8:B10' 영역의 첫 열에서 '식비'에 해당하는 데이터를 찾아 2열에 있는 단가 값인 6500을 선택하게 된다.

따라서 '=C2*VLOOKUP(B2, $A$8:$B$10, 2, 0)'은 10×6500이 되어 결과값은 65000이 되며, 이를 드래그하면, 각각 129000, 42000, 52000의 사용금액을 결과값으로 나타내게 된다.

46 ②

'COUNT' 함수는 인수 목록에서 숫자가 들어 있는 셀의 개수를 구할 때 사용되는 함수이며, 인수 목록에서 공백이 아닌 셀과 값의 개수를 구할 때 사용되는 함수는 'COUNTA' 함수이다.

47 ④

코드 1605(2016년 5월), 1D(유럽 독일), 01001(가공식품류 소시지) 00064(64번째로 수입)가 들어가야 한다.

48 ④

④ 아프리카 이집트에서 생산된 장갑의 코드번호이다.
① 중동 이란에서 생산된 신발의 코드번호
② 동남아시아 필리핀에서 생산된 바나나의 코드번호
③ 일본에서 생산된 의류의 코드번호
⑤ 중국에서 생산된 맥주의 코드번호

49 ③

1703(2017년 3월), 4L(동남아시아 캄보디아), 03011(농수산식품류 후추), 00001(첫 번째로 수입).

50 ④

① 기본코드로 6비트를 사용하고 6비트로 26(64)가지의 문자 표현이 가능하다.
② BCD코드와 EBCDIC코드의 중간 형태로 미국표준협회 (ISO)가 제안한 코드이다.
③ 비트의 위치에 따라 고유한 값을 갖는 코드이다.
⑤ 데이터의 오류발생 유무를 검사하기 위한 코드

✏️ **[공통] 전체**

1 ④

농협은 '산지에서 소비지까지(Farm to Table)'을 통해 체계적인 농식품 관리와 안전 농식품 공급을 한다.

2 ④

협동조합의 경우 지분거래가 없으며 주식시장은 지분거래가 가능하다.

3 ④

① **토양환경전문가** : 현장에서 채취한 토양을 실험실로 가져와 토양 측정 장비로 분석하고, 토양의 물리적인 특성과 화학적인 특성을 정확하게 진단하는 일을 하는 직업
② **농업드론전문가** : 드론을 이용해 농장을 효율적으로 경영하도록 도와주는 직업
③ **팜파티플래너** : 팜파티는 팜(Farm) + 파티(Party)의 결합을 의미하는 말로, 도시의 소비자에게는 품질 좋은 농산물을 저렴한 가격에 만나볼 수 있도록 주선하고, 농촌의 농업인에게는 안정적인 판매 경로를 만들어 주는 직업
⑤ **친환경농자재개발자** : 화학농약 등 합성 화학물질을 사용하지 않고 유기물과 식물 추출물, 자연광물, 미생물 등을 이용한 자재만을 사용해 농자재를 만드는 사람

4 ①

농촌지역은 마을의 규모가 작아 규모 및 집적의 경제효과를 거둘 수 없으므로 중심성을 갖는 거점마을에 투자와 개발을 집중시켜 투자효과를 높이고 배후마을과의 접근도를 개선하여 중심마을에 대한 서비스 이용편의를 제공하고자 한다. 중심마을이라고도 한다.

5 ③

- ㉠ **전통형** : 기존 스마트팜과 비슷하며 양액재배용 베드가 있다. 3~8월 상추 3기작 이후 9월부터 딸기재배 실험을 진행한다.
- ㉣ **생력형** : 1~3단 높이의 포트가 공중에 설치된 컨베이어 벨트를 따라 이동하는 스마트팜이다. 포트가 회전하여 작업자가 움직이지 않아도 작물수확이 수월하다.
- ㉤ **수직농장형** : 작물 재배용 6단 베드 7개와 육묘 베드 1개가 설치되어 허브류·엽채류 재배를 실험한다.
- ㉡ **애그테크(AgTech)** : 첨단기술을 농업에 적용하여 생산성을 높이는 것이다.
- ㉢ **생육형(growth form)** : 식물 지상부 줄기의 공간구조로 인해서 보이는 외형이다.
- ※ 농협형 스마트팜 시범모델 ⋯ NH스마트팜 랩으로 농협중앙회가 예산을 투입하여 전통형, 생력형, 수직농장형으로 6동이 지어졌다.

6 ②

제시된 내용은 패리티가격에 대한 설명이다. 패리티 가격은 농민, 즉 생산자를 보호하는 것이 목적이다.

7 ②

① GHI : 독일 세계기아원조(Welthungerhilfe)와 미국 세계식량연구소(IFPRI)가 협력하여 2006년부터 전 세계 기아 현황을 파악·발표하는 세계 기아지수를 말한다.
③ WFP : 기아 인구가 없는 제로 헝거(Zero Hunger) 달성을 목표로 하는 유엔 세계식량계획을 말한다.
④ ODA : 국제농업협력사업은 개발도상국을 위한 우리나라 농업기술 개발·보급 협력 사업이다.
⑤ GAFSP : 세계농업식량안보기금은 빈곤 국가 농업 생산성 제고를 위해 만들어진 국제기금이다.

8 ④

귀농·귀촌 인구 중 대부분이 귀촌 인구이며, 귀농인구는 4.2%에 불과하다. 농업노동력 감소는 여전히 문제되고 있는 현실이다.

9 ③

공익형 직불제도

실제 농사짓는 사람만 신청 가능하며, 실제 관리하는 농지에 대해서 신청 가능하다. 직불금 지급 제한 대상으로 '농업 외의 종합소득액이 3,700만 원 이상인자', '논·밭 농업에 이용하는 농지면적이 1,000m²(0.1ha) 미만인 자' 등을 규정하고 있다.

10 ③

인터넷 경제 3원칙은 무어의 법칙, 멧칼프의 법칙, 가치사슬 지배법칙이다.

- ㉠ **무어의 법칙(Moore's Law)** : 마이크로칩의 처리능력은 18개월마다 2배 증가한다.
- ㉡ **롱테일법칙(Long Tail Theory)** : 80%의 효과는 20%의 노력으로 얻어진다.
- ㉢ **가치사슬 지배법칙** : 거래 비용이 적게 드는 쪽으로 변화한다.
- ㉣ **가치의 법칙(Law of Value)** : 가치는 노동시간에 따라 결정된다.
- ㉤ **멧칼프의 법칙(Metcalfe's Law)** : 네트워크 가치는 참여자의 수의 제곱이다.

11 ②

① 스파이 앱(SPY) : 사용자들의 통화 내용, 문자메시지, 음성 녹음을 통한 도·감청 기능까지 갖춘 앱을 일컫는 말로, 스파이 애플리케이션의 준말이다.
③ 스머핑(Smurfing) : IP와 인터넷 제어 메시지 프로토콜(ICMP)의 특성을 이용하여 인터넷망을 공격하는 행위이다. 정보교환을 위해 프로토콜로 운용중인 노드를 핑 명령으로 에코 메시지를 보내어 가짜 네트워크 주소인 스머핑 주소를 만든다. 이 주소로 보내진 다량의 메시지로 트래픽이 가득 차서네트워크 사용이 어려워진다.
④ 스푸핑(Spoofing) : 위장된 정보로 시스템에 접근하여 정보를 빼가는 해킹수법이다.
⑤ 워터링홀(Watering hole) : 사자가 먹이를 습격하기 위하여 물웅덩이 근처에 매복하고 있다가 먹이가 물웅덩이에 빠지면 공격하는 것에서 유래한 용어로 특정 계층이나 관련된 인사들만이 접근하는 사이트들에 악성코드 감염을 유도하는 수법이다.

12 ⑤

① **디지털 쿼터족** : 디지털을 기성세대보다 $\frac{1}{4}$ 시간 이내에 빠르게 처리하는 세대를 말한다.

② **디지털 사이니지** : 디지털 미디어 광고를 말한다.

③ **디지털 디바이드** : 디지털 사회 계층간의 정보 불균형을 말한다.

④ **디지털 네이티브** : 미국교육학자 마크 프렌스키가 처음 사용하였으며, 태어나서부터 디지털 기기에 둘러싸여서 성장한 세대를 말한다.

13 ③

핀테크(Fintech) … 'Finance(금융)'와 'Technology(기술)'의 합성어이다. 핀테크 1.0 서비스가 송금, 결제, 펀드, 자산관리 등 기존 금융 서비스를 ICT와 결합해 기존 서비스를 해체 및 재해석하는 데 주안점을 두었다면, 핀테크 2.0 서비스는 핀테크 기업과 금융기관이 협업을 통해 보다 혁신적이고 새로운 금융서비스를 탄생시키는 방향으로 발전했다.

14 ③

③ 사물인터넷(IoT) 기기들이 폭발적으로 사용하는 데이터 양을 처리하기 위해서 엣지 컴퓨팅 기술이 개발되었다.

① 엣지 컴퓨팅은 안개처럼 퍼져 있어 발생 지점 근처에서 데이터에 쉽게 접근 가능한 포그 컴퓨팅으로도 부른다.

② 클라우드렛에서 임시처방 서비스를 받기 때문에 보안 수준이 높은 편이다.

④ 모든 데이터가 중앙 클라우드에서만 움직이는 클라우드 컴퓨팅과 달리 분산 서버로 데이터 부하량이 대폭 감소한다.

⑤ 분산된 소형 서버에서 실시간으로 데이터를 처리한다. 네트워크 끝자리에서 데이터를 처리한다 하여 엣지 컴퓨팅이라 한다.

15 ④

① **보로노이 다이어그램(Voronoi Diagram)** : 다양한 형태의 다각형이 채워진 다이어그램으로 수학적인 원리로 평면을 분할하는 과정을 보여주는 그림을 말한다.

② **벤 다이어그램(Venn Diagram)** : 전체 집합에서 부분집합, 합집합, 교집합의 관계를 나타낸 그림을 말한다.

③ **블록 다이어그램(Block Diagram)** : 시스템의 구성을 나타내는 그림으로 각 기능을 블록으로 표시하여 접속을 명확하게 보여주는 회로도를 말한다.

⑤ **트리 다이어그램(Tree Diagram)** : 논리적 구조를 트리 형태로 표시한 프로그램의 그림을 말한다.

1 ④

경제활동에서 떨어졌던 여성들은 자녀 양육이 어느 정도 완성되는 시기 이후에 다시 노동시장에 입성하게 되는데 이 같은 여성 취업률의 변화 추이가 영문 M자를 닮아서 'M커브 현상'이라 부른다.

• **U curve 현상** : 여성 인력 사용에 있어 선진국으로 평가받는 캐나다와 스웨덴 같은 경우에는 M자가 아닌 U자를 뒤집어 놓은 형태를 보인다.

• **J curve 현상** : J커브 곡선은 환율 변동과 무역수지의 관계를 나타낸 곡선이다.

2 ⑤

ETF(Exchange Traded Fund) … 주식처럼 거래가 가능한 펀드

㉠ 특정 주가지수의 수익률을 따라가는 지수연동형 펀드를 구성한 뒤 이를 거래소에 상장하여 개별 주식처럼 매매가 편리하고 인덱스 펀드처럼 거래비용이 낮고 소액으로도 분산투자가 가능하다는 장점을 가지고 있다.

㉡ 거래는 주식처럼 하지만 성과는 펀드와 같은 효과를 얻는다.

3 ④

2019년의 명목 GDP는 $40 \times 135 = 5,400$이며, 실질 GDP는 $135 \times 25 = 3,375$가 된다. 따라서 GDP 디플레이터의 값은 $(5400 \div 3375) \times 100 = 160$이다.

4 ③

금리가 상승하게 되면 대체로 해당 국가의 통화가치가 상승하게 되는 즉, 환율이 하락하게 되는 경향이 있다. 또한 국제시장에서는 높은 금리를 찾아 달러 등의 해외자금이 유입되는데, 이 때 유입되는 달러가 많아지게 되면 해당 국가의 통화가치는 상승(환율 하락)하게 된다. 그러므로 환율이 하락하게 되면 수출에는 불리하며 수입에는 유리하게 된다.

5 ①

지니계수는 소득 분배의 불평등을 나타내는 수치로, 분포의 불균형을 의미하며 소득이 어느 정도 균등하게 분배되어 있는가를 나타낸다.

② 엥겔지수 : 일정 기간 가계 소비지출 총액에서 식료품비가 차지하는 비율

③ 위대한 개츠비 곡선 : 소설 「위대한 개츠비」의 주인공 개츠비의 이름을 인용한 것으로, 경제적 불평등이 커질수록 사회적 계층이동성이 낮음을 보여주는 곡선

④ 로렌츠곡선 : 국민의 소득 분배 상태를 알아보기 위한 곡선

⑤ 10분위 분배율 : 국가 전체 가구를 소득 크기에 따라 저소득에서 고소득 순으로 10등분한 지표

6 ③

최고가격제와 최저가격제 비교

구분	최고가격제	최저가격제
가격설정	균형가격 아래로 설정	균형가격 위로 설정
목적	물가 안정 및 소비자 보호	공급자(생산자 및 노동자) 보호
예시	임대료 및 이자율 규제 등	최저임금제 등
암시장 형성	초과수요로 인해 재화 부족 → 높은 가격으로 거래	초과공급으로 인해 재화 및 노동 포화 → 낮은 가격으로 거래

7 ①

㉠ 자발적 실업 : 일할 능력은 있지만 임금 및 근로 조건이 자신의 욕구와 맞지 않아 일할 의사가 없는 상태 (탐색적 실업, 마찰적 실업)

㉣ 비자발적 실업 : 일할 능력과 의사가 있지만 어떠한 환경적인 조건에 의해 일자리를 얻지 못한 상태 (경기적 실업, 계절적 실업, 기술적 실업, 구조적 실업)

8 ⑤

의복 브랜드 노세일 전략은 가격차별의 사례가 아니다.

9 ①

M&A 동기

㉠ 경영전략적 동기 : 기업 지속성장 추구, 국제화 추구, 효율성 극대화, 기술발달

㉡ 영업적 동기 : 시장지배력 확대, 시장참여의 시간단축

㉢ 재무적 동기 : 위험분산, 자금 조달 능력 확대, 세금 절감

10 ①

피구 효과(Pigou Effect) … 금융자산의 실질가치증가가 실질 부의 증가로 연결되어 그 결과 소비지출이 증가하는 효과를 말한다. 따라서 물가가 완전신축적인 경우에는 물가하락이 소비자들의 실질부를 증가시켜 완전고용국민소득을 달성할 수 있게 되는데, 이를 피구 효과(실질잔고 효과)라고 한다. 이 피구 효과는 유동성 함정구간에서는 반드시 확대 재정정책을 실시해야 한다는 케인즈의 주장에 대한 고전학파의 반론이다.

11 ⑤

① 개인종합자산관리계좌(ISA) : 투자자가 투자종목·수량을 지정하여 상품을 운용하는 계좌로 예금자보험법에 의해 보호받는다.

② 표지어음 : 몇 가지 어음으로 대표적인 표지를 만드는 것으로 예금자보험법에 의해 보호받는다.

③ 외화통지예금 : 자금인출 시기가 불확실할 때 이용할 수 있는 예금으로 예금자보호법에 의해 보호받는다.

④ 개인형 퇴직연금(IRP) : 노후를 준비하기 위해 여유자금을 적립하여 퇴직·이직 시 수령 받을 수 있는 퇴직연금 제도로 예금자보호법에 의해 보호받는다.

12 ④

정보의 비대칭(Information Asymmetry) … 거래 당사자들이 가진 정보의 양이 다른 경우이며, 정보의 비대칭은 도덕적 해이와 역선택을 야기한다.

13 ④

시장실패의 원인

① **시장지배력** : 생산물이나 생산요소의 공급자가 시장지배력을 가지면 비효율이 발생한다.

② **외부 효과** : 시장에 의한 자원배분이 비효율적으로 이루어진다.

③ **정보의 비대칭** : 정보의 부족은 경쟁시장의 비효율성을 발생시킨다.

⑤ **공공재** : 많은 소비자들이 가치 있게 생각하는 재화를 시장이 공급하지 못하는 경우에도 시장실패가 발생한다.

14 ④

④는 우월전략균형에 대한 설명이다.

※ **내쉬균형**

- 미국의 존 내쉬가 도입하였다. 상대방의 대응에 따라 최선의 선택을 하면, 균형이 형성되어 서로 자신의 선택을 바꾸지 않게 된다.
- 상대의 전략이 바뀌지 않으면 자신의 전략 역시 바꿀 유인이 없는 상태다.
- 경쟁기업들의 행동이 주어졌을 때, 각 기업들이 자신이 할 수 있는 최선의 선택을 함으로써 나타나는 균형을 뜻한다.
- 정치적 협상이나 경제 분야에서의 전략으로 널리 활용되고 있다.

15 ②

① 극장 관람과 비디오 시청은 서로 '대체재'의 성격을 갖고 있다.

③⑤ 조조할인 제도는 극장이 동일한 영화에 대한 관람객의 특성(수요의 가격탄력성)에 따라 다른 가격을 매겨 이윤을 높이는 가격차별 전략이다.

④ 외부 음식물 반입을 금지하면서 시중보다 높은 가격을 받고 있는 극장 내의 매점은 '진입장벽'을 통해 독점의 이익을 누리고 있다.

✎ [분야별] IT

1 ①

② **인터프리터**(Interpreter) : 대화형 프로그램에 많이 사용하며 프로그램의 실행속도가 느리다.

③ **코볼**(COBOL : Common Business Oriented Language) : 상업자료 처리문제를 풀기 위한 도구로 설계 되었다.

④ **LISP**(List Processing) : 함수 및 함수 적용이라는 수학적 개념을 기본으로 한다.

⑤ **트랜잭션**(Transaction) : 정보교환이나 데이터베이스 갱신 등 일련의 작업 연속처리단위이다.

2 ②

데이터 중복의 문제점 ⋯ 일관성 문제, 보안성 문제, 경제성 문제, 무결성 문제

3 ④

DBMS를 구성할 시 일관성, 경제성, 보안성, 종속성, 중복성을 고려해야 한다.

4 ②

운영체제는 '일괄처리 시스템 – 실시간처리 시스템 – 다중프로그래밍 시스템 – 다중처리 시스템 – 시분할처리 시스템 – 분산처리 시스템'의 발달과정을 거친다.

5 ④

① **컴파일러**(Compiler) : 고급언어로 쓰여진 프로그램은 그와 의미적으로 동등하여 컴퓨터에서 즉시 실행될 수 있는 형태의 목적 프로그램으로 바꾸어 주는 번역 프로그램이다.

② **인터프리터**(Interpreter) : 고급언어로 작성된 원시코드 명령문들을 한 줄씩 읽어들여서 실행하는 프로그램이다.

③ **서비스 프로그램**(Service Program) : 사용자들이 필요할 때 편리하게 이용할 수 있도록 한 프로그램이다.

⑤ **LAN**(Local Area Network) : 근거리 네트워크 망이다.

6 ①

HTML 용어

㉠ UL : 순서가 없는 목록의 시작과 종료를 알려주는 태그

㉡ OL : 순서가 있는 목록의 시작과 종료를 알려주는 태그

7 ②

① 버스(Bus)

- 번지버스(Address Bus) : 중앙처리장치와 기억장치 사이에서 기억장치의 번지를 공급하는 신호선
- 데이터버스(Data Bus) : 데이터를 전송하는 신호선

③ 스풀링(Spooling)

- 입출력 효율을 높이기 위해 내용을 디스크 등에 모았다가 처리하는 방식
- 디스크 일부를 매우 큰 버퍼처럼 사용하며 위치는 보조 기억장치

④ DMA(Direct Memory Access)

- 주변 장치가 직접 메모리 버스를 관리하여 CPU를 거치지 않고 메모리 간에 입·출력 데이터를 전송하여 전송 속도를 향상시킨 방식
- DMA제어기가 CPU에 데이터 채널 요청을 하면 다음 사이클을 DMA인터페이스가 사용할 수 있게 하는 방식의 사이클 스틸(Cycle Steal)을 이용한 안정적이며 효율적인 기능

⑤ 벡터 처리기(Vector Processor) : 벡터 처리기는 다중 파이프라인 기능장치의 특성을 이용하여 벡터나 스칼라 등의 산술연산 및 논리연산을 고속으로 수행한다.

8 ②

대칭형 암호방식(Symmetric Cryptography)

㉠ 대칭키 암호방식(Symmetric Key Cryptography) 또는 비밀키 암호방식(Secret Key Cryptography)

㉠ 암호화 키(Encryption Key)와 복호화 키(Decryption Key)는 동일

암호방식(Asymmetric Cryptography)

㉠ 공개키 암호방식(Public Key Cryptography)

㉡ 암호화 키와 복호화 키는 동일하지 않다.

㉢ 암호화 키와 복호화 키는 반드시 키짝(Key Pair)을 이룬다. 즉 공개키 암호방식에서 두 개의 키 즉 공개키(Public Key)와 개인키(Private Key)를 사용

- 개인키는 외부로 유출되면 안 됨
- 공개키는 누구나 보관하고 사용가능

㉣ 공개키 암호방식에서 사용하는 두 개의 키 중 어느 하나의 키로 암호화하면, 반드시 나머지 다른 하나의 키만으로 복호화 가능

㉤ 공개키 암호화 → 개인키 복호화
개인키 암호화 → 공개키 복호화

9 ③

③ 퍼셉트론(Perceptron) : 프랑크 로젠블라트가 1957년에 고안한 알고리즘으로 인간의 신경 조직을 수학적으로 모델링하여 컴퓨터가 인간처럼 기억, 학습, 판단할 수 있도록 구현한 인공신경망 기술이다.

① 빠른 정렬(Quick Sort) : 주어진 입력 리스트를 피봇(Pivot) 또는 제어키(Control Key)라 불리는 특정 키 값보다 작은 값을 가지는 레코드들의 리스트와 큰 값을 가지는 레코드들의 리스트로 분리한 다음, 이러한 두 개의 서브 리스트들을 재귀적으로 각각 재배열하는 과정을 수행하는 방식이다.

② 맵리듀스(MapReduce) : 대용량 데이터 처리를 분산 병렬 컴퓨팅에서 처리하기 위한 구글의 소프트웨어 프레임워크이다.

④ 디지털 포렌식(Digital Forensics) : 법정 제출용 디지털 증거를 수집하여 분석하는 기술이다.

⑤ 하둡(Hadoop) : 대량의 자료처리가 가능한 오픈 자바 소프트웨어 프레임워크로 빅데이터를 처리하는 분산파일 시스템이다.

10 ②

파이썬(Python) … 1991년 프로그래머인 귀도 반 로섬이 발표한 고급 프로그래밍 언어로, 플랫폼이 독립적이며 인터프리터식, 객체지향적, 동적 타이핑(Dynamically Typed) 대화형 언어이다

11 ④

게이트웨이(Gateway) … 전송 ~ 응용계층 영역에서 망을 연결한다. 두 노드가 서로 통신하려면 동일한 프로토콜(통신규약)에서 행

12 ②

양수 A와 B에 대해 2의 보수 표현방식을 사용하여 A-B를 수행하였을 때 최상위비트에서 캐리가 발생하였다면 B-A는 최상위비트에서 캐리가 발생하지 않는다.

A = 6, B = 5로 놓고 예를 들어보면,

A = 6 = 110, B = 5 = 101, B의 1의 보수는 010

A +B = 1011 (캐리발생)

A - B = 1000, 여기에 캐리를 제거하고 1의 보수를 더하면 올바른 결과가 나온다.

13 ③

프로그램 상태 워드(Program Status Word)

㉠ 프로그램 카운터, 플래그 및 주요한 레지스터의 내용과 그 밖의 프로그램 실행 상태를 나타내는 제어정보를 묶은 것이다.

㉡ PSW는 Program Counter에 의해 제어되지 않는다.

㉢ 인터럽트가 발생했을 때 CPU는 인터럽트 발생 유무를 확인하고 발생했으면 인터럽트 사이클로 들어가게 되는데, 이 사이클 동안 Program Counter와 Program Status Word가 스택에 저장되고, 분기해야 할 주소를 새롭게 결정하게 된다.

㉣ CPU의 현재 상태, 인터럽트 발생 상태, 수행 중인 프로그램의 현재 상태 등을 나타내며, 레지스터로 독립적으로 구성되어 있다.

㉤ PSW의 크기는 32~64bit이다.

14 ④

DMA(Direct Memory Access)는 입출력장치가 다이렉트로 직접 주기억장치에 접근하여 데이터블록을 입출력하는 방식으로 입출력을 전송한다. 장치들의 데이터가 CPU를 경유하지 않고 수행된다.

15 ①

Internal schema … ANSI X 3/SPARC의 3층 스키마의 최하위에 위치된 스키마로, 데이터 베이스의 물리적 표현을 기술하는 것